RÉUNION DES OFFICIERS

MÉLANGES MILITAIRES

(2e SÉRIE)

XXVII, XXVIII, XXIX, XXX

QUESTIONS D'ORGANISATION

SUR

LA CAVALERIE

PAR

A. HOCQUET

CAPITAINE INSTRUCTEUR DU 7e DRAGONS

PARIS

CH. TANERA, ÉDITEUR

LIBRAIRIE POUR L'ART MILITAIRE ET LES SCIENCES

Rue de Savoie, 6

1873

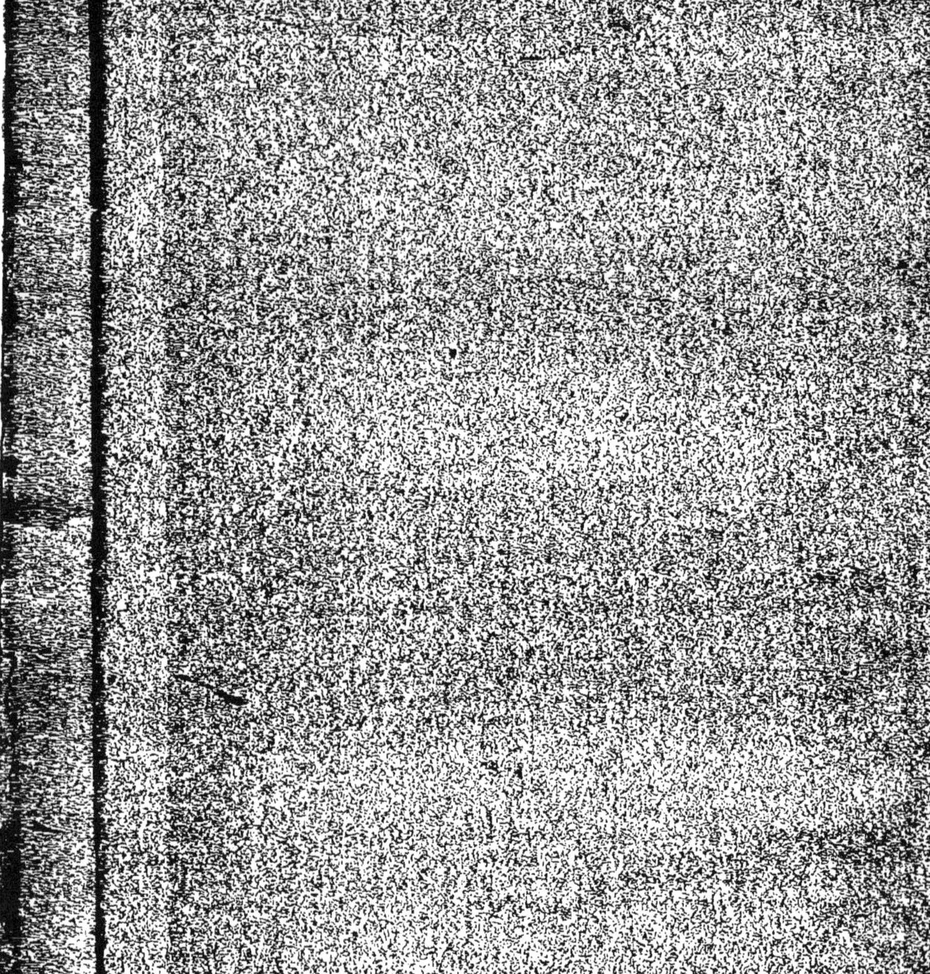

QUESTIONS D'ORGANISATION

SUR

LA CAVALERIE

PUBLICATION DE LA RÉUNION DES OFFICIERS

QUESTIONS D'ORGANISATION

SUR

LA CAVALERIE

PAR

A. HOCQUET

CAPITAINE INSTRUCTEUR DU 7e DRAGONS

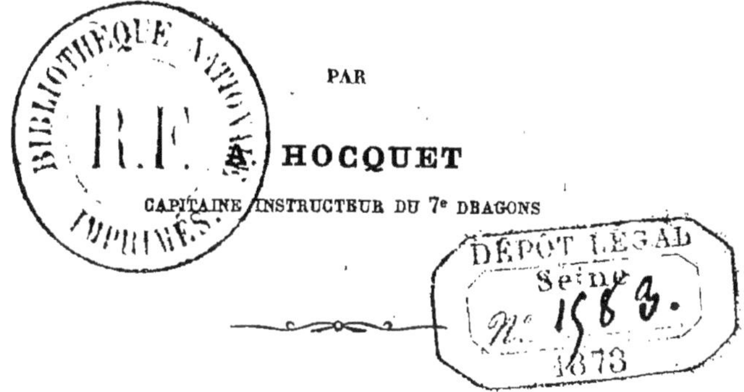

PARIS

CH. TANERA, ÉDITEUR

LIBRAIRIE POUR L'ART MILITAIRE ET LES SCIENCES

Rue de Savoie, 6

1873

Les notes ci-après ont été rédigées en vue de répondre à une partie du questionnaire adressé aux officiers de cavalerie.

Au moment où vont commencer les discussions relatives à notre organisation militaire, l'auteur croit pouvoir présenter ces notes aux officiers et à tous ceux qui s'occupent de réorganisation, espérant qu'ils y trouveront quelque intérêt, sinon d'utilité, du moins de simple curiosité.

7 mars 1873.

QUESTIONS D'ORGANISATION

SUR

LA CAVALERIE

I. — APERÇUS GÉNÉRAUX

Les anciennes données théoriques de la proportion de cavalerie à faire entrer dans une armée sont devenues tout à fait inapplicables dans la pratique actuelle, pour des raisons budgétaires, si l'on considère l'énorme accroissement des effectifs de l'infanterie.

Avec les données prises comme base dans les programmes officiels, on arrive au chiffre suivant :

Quatre armées à trois corps d'armée de chacun trois divisions donnent trente-six divisions ; chaque division devant comprendre quatre régiments de 2,500 hommes donnent cent quarante-quatre régiments, soit. . . . . 360,000 h.

Chaque dépôt ne peut comprendre moins de 250 hommes. 36,000

Chaque division à un bataillon de chasseurs à pied de 900 hommes. . . . 32,400

*A reporter. . . . 428,400 h.

Report.	428,400 h.
Dont les dépôts comprendront au moins.	3,600
L'artillerie, trente régiments à 2,000 hommes.	60,000
Le génie, quatre régiments à 2,500 hommes.	10,000
Le train et l'administration.	10,000
En ajoutant à tous ces nombres celui d'une cavalerie qui serait le 1/5 du total (*Jacquinot de Presle*, page 11), on aurait.	128,000
	640,000 h.

Cette énorme quantité de cavalerie à entretenir continuellement pèserait peut-être d'une façon très-lourde sur les finances de l'État; on a cru pouvoir faire face en tout temps à tous les besoins avec un effectif de cavalerie ne dépassant pas 67,000 hommes, 65,500 chevaux.

Ce chiffre paraîtra déjà considérable si on le compare à celui de notre cavalerie actuelle, mais il est, croit-on, rigoureusement indispensable, et la dépense qui en résultera en plus doit être absolument acceptée par ceux auxquels incombe l'élaboration du budget.

Cette nécessité découle d'une série de propositions qui vont être examinées successivement.

1° *Une cavalerie nombreuse est nécessaire.*

Cette vérité ressort d'une façon si évidente des faits de notre défaite, qu'il paraît puéril d'en donner une longue démonstration. La nécessité de s'éclairer au loin, de tenir l'ennemi à distance, en raison de la longue portée des armes, de franchir rapidement de longs trajets pour aller porter des coups inattendus, de couvrir les interstices des armées répandues sur de grands terrains de combat, de faire des diversions et inquiéter l'ennemi par de grosses masses tournantes; tout et à chaque moment, dans la tactique de nos jours, démontre l'utilité d'une grande quantité de cavalerie.

Cette grande quantité se résout en des chiffres précis qui seront expliqués.

2° *La cavalerie ne s'improvise pas.*

On ne peut pas brusquement prendre des hommes et des chevaux, les joindre les uns aux autres et les envoyer au combat, comme, à la rigueur, on le ferait d'un homme avec un fusil. Dans l'état actuel de nos mœurs, peu adonnées à l'équitation, il arrive le plus souvent que l'homme et le cheval, qui doivent constituer une unité de force, sont tout d'abord deux ennemis, qu'il s'agit de réconcilier et de mettre en harmonie pour que tous deux ne fassent plus qu'un. Il faut pour cela un temps assez long, et si, trop pressés, nous voulons hâter outre mesure cette opération, comme il s'agit d'une question de contact physique, nous blessons nos hommes ou nos chevaux et nous arrêtons ainsi net tout travail.

Il faut que le cavalier sache non-seulement se tenir à cheval et conduire sa monture, il faut encore que, par l'habitude (question de temps), il acquière l'assurance et le calme; il faut enfin au cavalier l'instruction spéciale nécessaire pour bien exécuter son métier d'éclaireur, reconnaître le terrain, les troupes, les choses de la guerre, etc.

3° *Elle doit toujours être prête en temps de paix.*

Il faut que la cavalerie ne soit jamais surprise, étonnée par une déclaration de guerre; elle doit n'avoir qu'à partir d'un point pour aller sur un autre. Sa mobilisation sera permanente; ses escadrons seront complets en hommes et en bons chevaux, son équipement en bon état. Toute chose nouvelle, si petite qu'elle soit, apporte nécessairement, dans son premier emploi, un instant de trouble, d'embarras qui peut être très-préjudiciable à l'une des choses de la cavalerie qu'il importe de ne pas troubler, soit à la solidité du cavalier, à l'aisance de la position, à la facilité de la conduite du cheval, etc.

4° *La réserve de cavalerie n'est pas possible.*

Réserve des hommes, réserve des chevaux, ou toutes les deux ?

La réserve des hommes n'est guère praticable, et nous voulons parler seulement des hommes ayant passé un temps assez long sous l'étendard, cinq ans par exemple; car il faut rejeter les hommes qui n'auraient qu'une instruction ébauchée en quelques mois espacés; au moment où l'on croirait pouvoir s'en servir, on se trouverait avoir toute une instruction à refaire, des corps à habituer à nos exercices, de nombreuses non-valeurs et finalement peu de combattants.

Quant à ceux qui auraient déjà fait un congé, indépendamment du peu de zèle que montrent tous les réservistes, indifférence qui apporte un si grand préjudice au matériel confié par l'État à nos cavaliers, on doit craindre qu'ils n'aient, eux aussi, perdu l'habitude du cheval par l'interruption de service; et puis tous les effets d'équipement, dont l'ajustage a chez nous une si réelle importance, ne leur vont qu'imparfaitement; ce sont des cuirasses trop longues, un casque, un schako trop petits, une bretelle de fusil, un ceinturon mal ajustés qui donnent l'idée, au premier fossé qu'on rencontre, de s'en débarrasser. Tout cela, dira-t-on, devrait être ajusté, c'est bien vrai; mais si cela n'est fait qu'imparfaitement, on a tout de suite dans une troupe une moins-value qui ne se produit pas quand les hommes sont prêts de longue date, et ont pu être visités par les différents chefs de la hiérarchie régimentaire.

En ce qui est de la réserve des chevaux, comment l'organiser? En mettant chez les cultivateurs des chevaux déjà dressés dans nos régiments, ou bien en désignant chez les propriétaires un nombre déterminé, qui devra être fourni à la première réquisition?

Dans l'un et dans l'autre cas, on aura tout d'abord l'inconvénient de n'avoir sûrement qu'une partie des chevaux inscrits; car, par suite de pertes définitives, de maladies, de mauvais vouloir même, il faut toujours sacrifier un tant pour cent.

Dans les deux cas encore, nous aurons des chevaux qui ne seront pas ou ne seront plus accoutumés à notre régime. Il faudra les acclimater, les mettre ou les remettre à la ration réglementaire et au travail militaire. Cela pourrait-il se faire rapidement et sans inconvénient, sans pertes graves?

Et dans le cas où l'on aurait des réservistes, hommes et chevaux, qu'on devrait réunir et qui devraient ensemble se refaire au métier, que de luttes, que d'à-coups et quelles nombreuses causes de dépréciation!

5° *La cavalerie est une arme productive.*

La cavalerie n'est pas une arme purement onéreuse comme les autres; elle rapporte certains avantages qui doivent plus aisément faire supporter ce qu'elle coûte à une nation. Elle donne un débouché à l'élevage et touche ainsi une des industries les plus importantes d'un grand nombre de nos départements; en raison de son effectif considérable, elle accroît d'une façon sensible la production des fourrages naturels et artificiels, et met ainsi en valeur des terres sans cela sans emploi. Enfin elle donne à l'agriculture le meilleur agent de sa prospérité : le fumier; ses reliquats, ses dépouilles même sont un bienfait pour la population. Les chevaux réformés sont une précieuse ressource pour le propriétaire et le fermier, chez lesquels ils rendent encore de grands services, et quand le préjugé aura disparu contre l'hippophagie, il y aura encore là une source de produits considérables pour l'alimentation.

Si l'on déduisait du budget de la cavalerie la somme des produits de toute espèce qu'elle peut procurer et qu'on récolterait avec plus de soin, on arriverait assurément à cette conclusion que, toutes choses égales et compensées, c'est la dépense la moins onéreuse du budget de la guerre.

II. — ORGANISATION DES ARMÉES ACTIVES

Pour juger sainement du nombre nécessaire des troupes de cavalerie dans une armée, il faut se reporter à ce qu'on a vu dans la grande guerre que nous venons d'essuyer ; il faut prendre successivement la division, le corps d'armée et l'armée ; voir quels sont les besoins, en cavalerie, de chacune de ces fractions.

CAVALERIE DE LA DIVISION

La division, composée de 4 régiments d'infanterie de 2,500 hommes et d'un bataillon de chasseurs à pied de 900 hommes, a besoin d'une troupe de cavalerie qui soit constamment et immédiatement à sa disposition.

Il ne s'agit pas, croyons-nous, de donner à la division un élément de combat ; le combat reste possible pour la cavalerie divisionnaire assurément, mais ce n'est que d'une façon accidentelle, accessoire.

Lorsque la bataille exigera l'action de la cavalerie, ce n'est pas en petite quantité, ce n'est pas à la cavalerie divisionnaire qu'il faudra recourir, mais à une troupe de cavalerie organisée et assez puissante pour être efficace.

L'adjonction d'une cavalerie à la division est réclamée par d'autres services importants aussi, mais relativement secondaires.

La reconnaissance d'une portion de terrain où veut opérer la division.

La transmission des ordres et renseignements aux généraux de brigade, aux régiments, aux troupes accessoires, aux divisions voisines, aux corps d'armée.

L'escorte des officiers généraux, l'escorte momentanée des prisonniers, d'un convoï, d'une artillerie capturée.

La poursuite des fuyards ou d'une troupe vaincue.

Enfin une nécessité pressante, immédiate de renfort au milieu d'une action.

Quelles doivent être, dans ce cas, l'espèce et la quantité de cavalerie à employer ?

Les divers services que cette troupe est appelée à fournir ne sont presque jamais simultanés. Les reconnaissances sont rentrées pour le moment où l'on doit combattre. Les escortes ont été rejetées, et avec pleine raison, par les généraux durant une action, comme formant pour l'ennemi la meilleure indication de diriger ses coups.

L'escorte des prisonniers, la poursuite des fuyards, ne viennent qu'ensuite.

Il n'y a donc, pendant l'action, que le combat accidentel et la transmission des ordres.

Comme nombre, il apparaît qu'un escadron serait amplement suffisant.

Comme espèce, il y a lieu de penser que cette cavalerie aurait besoin seulement d'une éducation spéciale.

Les hommes devront savoir lire au moins.

Ils devront reconnaître aisément les différents grades et emplois d'officiers, état-major, infanterie, artillerie, etc.

Ils devront connaître les fractions de la division, régiments, bataillons, compagnies, batteries.

Comme dans toutes les autres espèces de cavalerie, ils devront savoir regarder le terrain, connaître les indices, etc.

Comme dans toute la cavalerie, ils devront être équipés légèrement ; être armés du sabre et du fusil.

Le général tiendra toujours cette cavalerie à portée, le plus près possible, sans la compromettre ni se compromettre lui-même par elle.

Une chose importante et nouvelle à demander, c'est que l'escadron de cavalerie divisionnaire forme corps et s'administre séparément, dans les mêmes conditions que le bataillon de chasseurs à pied, dont il forme le pendant dans la division.

Cet escadron, sur le champ de bataille, n'a besoin que de ses propres cadres ; s'il se trouve détaché d'un régiment, c'est pour ce régiment une cause d'affaiblissement qui brise toute confiance, tout entrain.

Si le régiment tout entier est réparti en diverses divisions, on se trouve avoir sans emploi tous les officiers de l'état-major du régiment ; s'ils sont avec les escadrons, ils s'y trouveront en surplus, inutiles, nuisibles.

C'est une épargne à faire pour le budget.

En créant des escadrons formant corps, on se préparera pour l'avenir des officiers supérieurs ayant déjà administré et connaissant le métier qu'ils seront appelés plus tard à surveiller, diriger.

La cavalerie divisionnaire se considérera alors comme partie intégrante de la division, s'y attachera avec intérêt, en prendra l'esprit et y rendra des services d'autant meilleurs.

Le général commandant la division sentira que c'est une troupe à lui, et en prendra le même soin que des autres fractions de sa division.

Le recrutement de ces trente-six escadrons pourrait avoir lieu par un dépôt général.

CAVALERIE DU CORPS D'ARMÉE

Le corps d'armée, c'est une petite armée. Le mélange des

armes qu'on n'a pas voulu pour la division, ce qui en aurait fait une maigre légion, on doit le faire pour le corps d'armée, unité imposante, comportant tous les services d'une armée.

Le service de la cavalerie dans le corps d'armée paraît devoir être unique : combattre ; que ce soit par une action directe, éparpillée ou d'ensemble, tirailleurs ou charge, ou par un mouvement tournant ; que ce soit par une action isolée, raid, diversion, etc., ou dans une opération en commun avec toutes les autres troupes, cela revient toujours à un seul rôle, un seul service : combattre.

La cavalerie a sans doute d'autres services à rendre à l'armée ; mais ce n'est pas à la cavalerie de corps d'armée qu'il faut les demander, sinon accidentellement.

C'est par le subdivisionnement du travail que l'industrie, les arts sont arrivés de nos jours à une perfection jusqu'alors inouïe ; pourquoi ne pas reconnaître que l'art militaire est sujet aussi à cette loi générale si merveilleusement fructueuse? Le proverbe populaire restera toujours vrai : chacun son métier, les choses sont bien faites.

Il faut donc que les services différents de la cavalerie soient confiés à des fractions spéciales différentes. Si l'on ne s'astreint à cette manière de faire, on aura toujours des services médiocres ; on aura des serviteurs incomplets, sachant un peu de tout mais incapables d'exceller en rien.

Laissons à la cavalerie divisionnaire les services spéciaux qui se rattachent à la division d'infanterie ; laissons à la cavalerie de corps d'armée et d'armée le rôle de combattant ; à une troupe spéciale d'éclaireurs, le soin d'éclairer.

La cavalerie de combat d'un corps d'armée devra se composer d'une division soit de dragons, soit de chasseurs.

Cette quantité paraît suffisante pour parer à toutes les éventualités. Si l'ennemi se présente avec une grande masse de cavalerie, c'est qu'il a une armée nombreuse, composée de plusieurs corps d'armée; notre armée se trouvera dans les mêmes conditions, comme cela s'est rencontré à Rezonville ; nous aurons donc à lui présenter aussi une quantité considérable d'escadrons, par la réunion des divisions de corps d'armée et de la réserve.

Il s'agit ici de divisions complètes dont aucun service spécial n'aura rien distrait. Une force de 2,300 chevaux forme assurément un corps déjà imposant, capable de grands efforts.

En aucune circonstance, dans la dernière guerre, on n'a vu en action à la fois, chez les deux adversaires, une plus grande quantité de cavalerie.

CAVALERIE DE L'ARMÉE

L'armée se compose de ses trois corps d'armée constitués, plus tous les services généraux parmi lesquels il faut compter en première ligne la réserve de l'armée.

L'armée n'a pas besoin d'une réserve particulière, puisqu'elle n'opère qu'au moyen des corps d'armée qui ont chacun la leur; mais la réserve doit comprendre une troupe de cavalerie destinée à entrer en action à quelque moment suprême, sur l'ordre du général en chef; c'est le rôle tout indiqué des régiments de cuirassiers.

La mesure dans laquelle peut s'opérer le recrutement des hommes et des chevaux de cuirassiers, le prix élevé de l'entretien d'une telle troupe, tout aussi bien que son rôle tactique, doivent limiter à une division par armée la quantité à entretenir.

PROPORTION DES SOUS-ARMES DE LA CAVALERIE

Les proportions à assigner aux trois grandes subdivisions

2

de l'arme se déduisent du rôle que l'on doit faire remplir à la cavalerie, et de la nature des éléments dont on peut disposer pour la constituer. Le rôle de la cavalerie semble nettement défini :

1° Eclairer l'armée ;

2° Combattre ;

3° Transmettre les ordres, escorter, etc.

Ces diverses fonctions de la cavalerie ne sont pas de toute nécessité en corrélation avec la taille ou l'espèce des chevaux ni des hommes ; il y a là bien plutôt une question de dressage qui approprie hommes et chevaux aux fonctions, qu'une question de nature qui conviendrait ou ne conviendrait pas. La grosse cavalerie pourrait tout aussi bien qu'une autre éclairer l'armée et faire le service d'escorte ; toutes les espèces de cavalerie sont parfaitement propres au combat ; mais il est certaines considérations qui doivent faire affecter une espèce de cavalerie plutôt qu'une autre à tel ou tel service.

C'est ainsi que les éclaireurs, lancés loin en avant de l'armée, doivent vivre par eux-mêmes, sans pouvoir compter sur les distributions régulières que leur ferait l'administration ; c'est dire qu'ils seront exposés à un régime extrêmement irrégulier et exténuant. Il faut donc y employer des chevaux sobres, rustiques, vivant de peu. Les grands chevaux de cuirassiers y dépériraient vite ; le cheval de l'Algérie, le cheval breton y trouveront peut-être un bon emploi.

Le service d'ordonnances, des escortes, transmission d'ordres, bien que très-actif, ne nécessitera jamais les longues courses, les dures épreuves des éclaireurs ou des cavaliers de combat ; ils pourront aussi mieux profiter du voisinage de l'administration divisionnaire.

Ce serait peut-être le meilleur emploi à donner au cheval de taille moyenne au garrot ; mais manquant un peu de l'étoffe, du gros qui, toutes choses égales, promet plus de résistance.

Le cheval de combat, c'est bien le type du cheval de dragon étoffé, membré, solide. — S'il est de haute taille, mettons-le en réserve ; ce sera le cuirassier, qui coûte cher à acheter, à nourrir et qu'il faut ménager ; — s'il est de petite taille, mettons-le avec tous ceux qui lui sont semblables, afin de n'avoir pas dans un même régiment, dans une même division, soumis à un régime uniforme de travail ou de nourriture des chevaux qui exigent d'être traités d'une façon différente.

En résumé :

1° Chevaux de combat : Cuirassiers, normand de grande taille ; — Dragons, normand, breton, poitevin, ardennais ; — Chasseurs, normand, breton, méridional.

2° Chevaux d'éclaireurs : notre cheval du midi, de Tarbes, d'Algérie.

3° Chevaux de la cavalerie divisionnaire : nos anciens chevaux de lanciers.

Les éléments qui doivent servir à constituer notre cavalerie, hommes et chevaux, existent chez nous dans un rapport qui s'accorde avec le subdivisionnement exigé par le rôle de l'arme. Nous avons pu alimenter jusqu'alors, sans trop de gêne, 14 régiments de grosse cavalerie ; il ne paraît pas beaucoup plus difficile d'en entretenir 16.

Le cheval de taille moyenne abonde en France, et lorsqu'on voudra mettre la moindre entrave à l'exportation des 60,000 poulains que peut produire annuellement un seul de nos départements, il est probable que nous recruterons aisément les 10,000 chevaux par an dont nous avons besoin.

Le cheval de cavalerie légère est aussi très-abondant ; il n'y aurait aucun inconvénient à prendre des chevaux d'une taille un peu moins élevée au garrot. Un cheval de 1^m.45 ou 1^m.44 peut faire un excellent service tout aussi bien que celui de la taille minima actuelle de 1^m.46.

Il y a lieu de faire une observation à propos de la taille relative des hommes et des chevaux. On a vu récemment un auteur demander que les chevaux de haute taille soient montés par des hommes moins grands que nos cuirassiers. Quand on a monté beaucoup de chevaux de cette espèce, on sait parfaitement que non-seulement il faut, pour les conduire, un degré de forces physiques qui, toutes choses égales, se rencontre plutôt chez les hommes de haute stature ; mais encore qu'il faut une taille très-élevée aux cavaliers pour les seller, les charger et les brider, sous' peine de graves difficultés, sinon d'impossibilité absolue.

D'après ces idées, on croit pouvoir fixer de la manière suivante le chiffre des subdivisions de la cavalerie.

Cuirassiers.	10,496
Dragons	15,744
Chasseurs.	15,744
Éclaireurs	2,624
Cavalerie divisionnaire	4,680
Chevaux d'écoles.	2,500
Chevaux de remplacement.	7,500
Chevaux d'officiers.	6,264

65,552

ARTILLERIE ADJOINTE A LA CAVALERIE

On a parlé depuis longtemps déjà des effets merveilleux que devait produire l'union de l'artillerie avec la cavalerie ; c'était l'espoir de nombreux officiers de chacune de ces armes, qui paraissent avoir, chacun de leur côté, un peu trop compté sur le voisin. Il n'a pas été donné dans les dernières guerres de faits bien saillants pouvant servir de sanction à cette opinion, justifier cet espoir.

Peut-être ne faudrait-il pas trop s'enthousiasmer de ces résultats futurs et problématiques qui seraient dus à des efforts autres que les siens propres.

Pourquoi ne pas envisager l'action séparée de chaque arme, sauf à les réunir quand le général en verra l'opportunité? Doit-on craindre les difficultés dues au mauvais vouloir? Ce n'est pas admissible, chacun étant intéressé au succès; mais ce sera impossible dès qu'on sentira à la tête de l'armée une volonté énergique qui saura imposer à tous, et qui n'hésiterait pas à traduire devant un conseil de guerre, voire une cour martiale, tout chef de troupe qui n'aurait pas donné son concours au cas de besoin.

La cavalerie et l'artillerie doivent agir de concert, mais en thèse générale, dans des conditions qui ressemblent beaucoup à celles de la cavalerie avec l'infanterie.

Lorsqu'il s'agit de l'action isolée d'une division de cavalerie, un mouvement tournant, un raid, rien n'empêche d'y joindre une batterie ou deux d'artillerie à cheval.

Mais cette artillerie ne nous paraît pas devoir être nécessairement attachée à la division ou du moins devoir la suivre dans toutes ses évolutions sur le champ de bataille. Elle doit bien plutôt, comme la cavalerie, former la réserve du corps d'armée à la disposition continue du général commandant ce corps.

Quand, au milieu d'une action, la cavalerie devra entrer en scène, ce n'est pas exclusivement sa batterie qui doit ébranler les troupes ennemies et préparer le succès de la charge; ce sont tout aussi bien toutes les autres batteries du corps d'armée, les batteries de divisions d'infanterie surtout, ainsi que l'infanterie elle-même.

Il ne paraît donc pas indispensable d'attacher en permanence des batteries d'artillerie aux divisions de cavalerie.

CAVALERIE ADJOINTE A L'INFANTERIE

Il convient d'attacher aux troupes d'infanterie non pas un ou plusieurs régiments qui n'auraient que cette mission spéciale, mais seulement un escadron de cavalerie pour les services en dehors du combat.

Des fractions détachées d'une unité quelconque ne tendent qu'à affaiblir cette unité; des fractions relevées au bout d'un certain temps dans un service spécial présentent cette anomalie de se retirer de ce service juste au moment où, y ayant acquis une certaine expérience, elles auraient pu y être réellement utiles.

On ne saurait trop répéter qu'on doit assurer chaque service sans avoir recours à un service voisin.

CAVALERIE ATTACHÉE AUX QUARTIERS GÉNÉRAUX

La cavalerie divisionnaire aura un effectif suffisant pour subvenir aux nécessités des escortes et de la correspondance du corps d'armée. En résumé, le corps d'armée n'est rien autre chose que le composé des divisions; on ne peut voir le corps d'armée sans les divisions; l'un est donc nécessairement en contact permanent avec les autres.

Dire qu'on donne à la division une troupe destinée aux escortes, à la correspondance, n'est-ce pas dire qu'on la donne au corps d'armée?

Si cependant on ne craint pas d'augmenter l'effectif de la cavalerie, et qu'on veuille rendre le service d'escorte du corps d'armée tout à fait indépendant, on pourrait créer un escadron de plus par corps d'armée, soit 12 escadrons, 1,800 hommes environ.

Il arriverait alors que l'armée réclamerait aussi un pareil avantage, et cette augmentation d'effectif ne paraît pas nécessaire.

La cavalerie divisionnaire entrant en campagne à son complet peut subvenir aux nécessités de la division, du corps d'armée et de l'armée.

RÉSERVES DE CAVALERIE

Cette question demande quelques observations préliminaires.

Les réserves et l'artillerie sont deux éléments de l'art de de la guerre résumant bien les dernières évolutions survenues dans l'esprit des sociétés modernes, dans leurs mœurs.

Les réserves, ce sont des troupes qui se tiennent loin du combat; — les batteries d'artillerie, ce sont des agents qui ne donnent la mort que de loin.

Nous en sommes arrivés là : on cherche à ne plus aborder l'ennemi; on préfère lui jeter de loin des projectiles, à tout hasard, sans le voir face à face; — et le progrès consiste à les jeter de plus en plus loin.

Autrefois les combattants s'approchaient valeureusement, se prenaient corps à corps. Aujourd'hui on ose moins.

Cela peut-il s'expliquer par cette considération que jadis les coups d'arme blanche, quoique blessant même très-largement, n'étaient cependant pas très-fréquemment mortels; on espérait toujours sortir vivant d'une lutte, peut-être même pas blessé.

Depuis l'usage de la poudre, les blessures sont pénétrantes et presque toujours fatales; quand on s'approche de l'ennemi, de nos jours, ce n'est plus avec l'espoir de le blesser, de parer ses coups, de le capturer; c'est avec la crainte de recevoir de n'importe quel adversaire éloigné une balle qui tue.

Alors on a eu peur, on est devenu lâche.

Du moins, c'est ainsi qu'on a nommé jusqu'à présent cette crainte de perdre la vie.

Il n'y aurait guère ni sagesse ni profit pour le sujet à traiter à vouloir lutter contre un courant d'idées aussi puissant; il faut l'accepter comme existant et prendre les mesures propres à le maintenir dans les moindres proportions, à ramener la confiance, l'audace, source de tout succès à la guerre.

C'est sous la réserve de ces réflexions, que ne peuvent méconnaître ceux qui sont appelés à conduire les armées, que nous examinons les questions suivantes.

Les réserves de cavalerie constituées par la division de cuirassiers dans chaque armée ne doivent donner que pour produire un grand effet, rétablir un combat douteux, ramener en ligne une troupe qui faiblit, secourir un point menacé, dégarni.

Dans la pratique, qui s'éloigne souvent de cette théorie, les troupes mises en réserve ne restent presque jamais en arrière longuement : soit par les nécessités de l'action, soit par l'impatience d'en venir aux mains, elles se trouvent bientôt engagées.

Le général en chef est cependant intéressé à conserver, à tout prix, une troupe solide pour un besoin pressant, un danger ultime et considérable.

Mais, de nos jours, ces troupes ne doivent pas être tenues trop éloignées du combat; elles deviendraient inutiles et n'en seraient pas moins exposées aux coups de l'artillerie à longue portée.

Ce qui doit constituer surtout la réserve, c'est l'emploi successif des fractions de la division, proportionnellement au nombre des adversaires qu'elle combat.

La division de cavalerie cuirassée, restant constamment à la disposition du général d'armée, sera une force suffisante dont il devra se montrer avare et n'employer qu'en dernier ressort.

D'une façon générale, il y a toujours avantage à constituer d'éléments semblables les fractions de la même unité; il y a donc à penser que les divisions de cavalerie placées en réserve doivent être composées d'une seule cavalerie, celle de réserve.

Quant aux divisions de réserve qui seraient formées de troupes de toutes armes, ce serait créer un semblant de corps d'armée à côté de tous les autres, qui s'en trouveraient amoindris d'autant; mieux vaudrait alors tenir en réserve un corps d'armée tout entier.

RÉSERVES D'ARTILLERIE

On a dit jusqu'alors qu'on doit attacher de l'artillerie aux troupes en proportion de leur peu de valeur.

Cet axiome théorique, faussé, s'est infiltré peu à peu dans les idées; on a voulu beaucoup d'artillerie, sans se demander pourquoi, et aujourd'hui il semble tout naturel d'adjoindre aux divisions un grand nombre de bouches à feu, sous le seul prétexte que nos ennemis en ont un aussi grand nombre.

Si notre artillerie se compose de 30 régiments à 8 ou 10 batteries, ce qui donnera plus de 250 batteries, et qu'on en suppose 50 laissées comme réserve à l'intérieur, cela permettrait d'en attacher 50 à chaque armée :

Aux divisions, 2 ou 3 chacune, soit environ. 23
Aux corps d'armée, 5 batteries de réserve. 15
A l'armée, on aurait alors comme réserve. 12
                                                      ——
                                                      50

PREMIÈRE ARMÉE

INFANTERIE.						CAVALERIE.			
1er corps	1re div.	1re brig.	1er rég. / 2e id.	1er bat. chass.	1er esc. divisionnaire	1re div. de cavalerie.	1re brig.	1er drag. / 2e id.	
		2e id.	3e id. / 4e id.				2e id.	3e id. / 4e id.	
	2e id.	3e id.	5e id. / 6e id.	2e id.	2e id.				
		4e id.	7e id. / 8e id.						
	3e id.	5e id.	9e id. / 10e id.	3e id.	3e id.				
		6e id.	11e id. / 12e id.						
2e corps	4e id.	7e id.	13e id. / 14e id.	4e id.	4e id.	2e div. id.	3e brig.	5e drag. / 6e id.	
		8e id.	15e id. / 16e id.				4e id.	7e id. / 8e id.	
	5e id.	9e id.	17e id. / 18e id.	5e id.	5e id.				
		10e id.	19e id. / 20e id.						
	6e id.	11e id.	21e id. / 22e id.	6e id.	6e id.				
		12e id.	23e id. / 24e id.						
3e corps	7e id.	13e id.	25e id. / 26e id.	7e id.	7e id.	3e div. id.	5e brig.	1er chass. / 2e id.	
		14e id.	27e id. / 28e id.				6e id.	3e id. / 4e id.	
	8e id.	15e id.	29e id. / 30e id.	8e id.	8e id.				
		16e id.	31e id. / 32e id.						
	9e id.	17e id.	33e id. / 34e id.	9e id.	9e id.				
		18e id.	35e id. / 36e id.						

1er régiment d'éclaireurs

—

1re division de cavalerie de réserve.

1re brigade.
1er cuirass.
2e id.

2e brigade.
3e cuirass.
4e id.

DEUXIÈME ARMÉE

INFANTERIE.					CAVALERIE.		

4e corps.

10e div.
- 19e brig. { 37e rég., 38e id. }
- 20e id. { 39e id., 40e id. } — 10e bat. chass. — 10e esc. divisionnaire.

11e id.
- 21e id. { 41e id., 42e id. }
- 22e id. { 43e id., 44e id. } — 11e id. — 11e id.

12e id.
- 23e id. { 45e id., 46e id. }
- 24e id. { 47e id., 48e id. } — 12e id. — 12e id.

CAVALERIE — 4e div. de cavalerie :
- 7e brig. { 5e chass., 6e id. }
- 8e id. { 7e id., 8e id. }

5e corps.

13e id.
- 25e id. { 49e id., 50e id. }
- 26e id. { 51e id., 52e id. } — 13e id. — 13e id.

14e id.
- 27e id. { 53e id., 54e id. }
- 28e id. { 55e id., 56e id. } — 14e id. — 14e id.

15e id.
- 29e id. { 57e id., 58e id. }
- 30e id. { 59e id., 60e id. } — 15e id. — 15e id.

CAVALERIE — 5e div id. :
- 9e brig. { 9e chass., 10e id. }
- 10e id. { 11e id, 12e id. }

6e corps.

16e id.
- 31e id. { 61e id., 62e id. }
- 32e id. { 63e id., 64e id. } — 16e id. — 16e id.

17e id.
- 33e id. { 65e id., 66e id. }
- 34e d. { 67e id., 68e id. } — 17e id. — 17e id.

18e id.
- 35e id. { 69e id., 70e id. }
- 36e id. { 71e id., 72e id. } — 18e id. — 18e id.

CAVALERIE — 6e div id. :
- 11e brig. { 9e drag., 10e id. }
- 12e id. { 11e id., 12e id. }

2e régiment
d'éclaireurs

—

2e division
de cavalerie
de réserve.

3e brigade.
5e cuirass.
6e id.
4e brigade.
7e cuirass.
8e id.

QUESTIONS D'ORGANISATION

TROISIÈME ARMÉE

INFANTERIE.						CAVALERIE.				
7ᵉ corps.	19ᵉ div.	37ᵉ brig.	73ᵉ rég. / 74ᵉ id.	19ᵉ bat. chass.	19ᵉ esc. divisionnaire.	7ᵉ div. de cavalerie.	13ᵉ brig.	13ᵉ drag. / 14ᵉ id.		3ᵉ régiment d'éclaireurs
		38ᵉ id.	75ᵉ id. / 76ᵉ id.				14ᵉ id.	15ᵉ id. / 16ᵉ id.		—
	20ᵉ id.	39ᵉ id.	77ᵉ id. / 78ᵉ id.	20ᵉ id.	20ᵉ id.					3ᵉ division de cavalerie de réserve.
		40ᵉ id.	79ᵉ id. / 80ᵉ id.							
	21ᵉ id.	41ᵉ id.	81ᵉ id. / 82ᵉ id.	21ᵉ id.	21ᵉ id.					5ᵉ brigade. 9ᵉ cuirass. 10ᵉ id.
		42ᵉ id.	83ᵉ id. / 84ᵉ id.							
8ᵉ corps.	22ᵉ id.	43ᵉ id.	85ᵉ id. / 86ᵉ id.	22ᵉ id.	22ᵉ id.					6ᵉ brigade. 11ᵉ cuirass. 12ᵉ id.
		44ᵉ id.	87ᵉ id. / 88ᵉ id.							
	23ᵉ id.	45ᵉ id.	89ᵉ id. / 90ᵉ id.	23ᵉ id.	23ᵉ id.	8ᵉ div. id.	15ᵉ brig.	17ᵉ drag. / 18ᵉ id.		
		46ᵉ id.	91ᵉ id. / 92ᵉ id.				16ᵉ id.	19ᵉ id. / 20ᵉ id.		
	24ᵉ id.	47ᵉ id.	93ᵉ id. / 94ᵉ id.	24ᵉ id.	24ᵉ id.					
		48ᵉ id.	95ᵉ id. / 96ᵉ id.							
9ᵉ corps.	25ᵉ id.	49ᵉ id.	97ᵉ id. / 98ᵉ id.	25ᵉ id.	25ᵉ id					
		50ᵉ id.	99ᵉ id. / 100ᵉ id.							
	26ᵉ id.	51ᵉ id.	101ᵉ id. / 102ᵉ id.	26ᵉ id.	26ᵉ id.	9ᵉ div. id.	17ᵉ brig.	13ᵉ chass. / 14ᵉ id.		
		52ᵉ id.	103ᵉ id. / 104ᵉ id.				18ᵉ id.	15ᵉ id. / 16ᵉ id.		
	27ᵉ id.	53ᵉ id.	105ᵉ id. / 106ᵉ id.	27ᵉ id.	27ᵉ id.					
		54ᵉ id.	107ᵉ id. / 108ᵉ id.							

QUATRIÈME ARMÉE

<table>
<tr><th></th><th colspan="4">INFANTERIE.</th><th colspan="5">CAVALERIE.</th><th></th></tr>
<tr>
<td rowspan="6">10ᵉ corps.</td>
<td rowspan="2">28ᵉ div.</td>
<td>55ᵉ brig.</td>
<td>109ᵉ rég.
110ᵉ id.</td>
<td rowspan="2">28ᵉ bat. chass.</td>
<td rowspan="2">28ᵉ esc. divisionnaire.</td>
<td></td><td></td><td></td><td></td>
<td rowspan="18">4ᵉ régiment d'éclaireurs
—
4ᵉ division de cavalerie de réserve.
7ᵉ brigade.
13ᵉ cuirass.
14ᵉ id.
8ᵉ brigade.
15ᵉ cuirass.
16ᵉ id.</td>
</tr>
<tr><td>56ᵉ id.</td><td>111ᵉ id.
112ᵉ id.</td></tr>
<tr>
<td rowspan="2">29ᵉ id.</td>
<td>57ᵉ id.</td><td>113ᵉ id.
114ᵉ id.</td>
<td rowspan="2">29ᵉ id.</td><td rowspan="2">29ᵉ id.</td>
<td rowspan="6">10ᵉ div. de cavalerie.</td>
<td>19ᵉ brig.</td><td>17ᵉ chass.
18ᵉ id.</td><td></td><td></td>
</tr>
<tr><td>58ᵉ id.</td><td>115ᵉ id.
116ᵉ id.</td><td>20ᵉ id.</td><td>19ᵉ id.
20ᵉ id.</td><td></td><td></td></tr>
<tr>
<td rowspan="2">30ᵉ id.</td>
<td>59ᵉ id.</td><td>117ᵉ id.
118ᵉ id.</td>
<td rowspan="2">30ᵉ id.</td><td rowspan="2">30ᵉ id.</td>
<td></td><td></td><td></td><td></td>
</tr>
<tr><td>60ᵉ id.</td><td>119ᵉ id.
120ᵉ id.</td><td></td><td></td><td></td><td></td></tr>

<tr>
<td rowspan="6">11ᵉ corps.</td>
<td rowspan="2">31ᵉ id.</td>
<td>61ᵉ id.</td><td>121ᵉ id.
122ᵉ id.</td>
<td rowspan="2">31ᵉ id.</td><td rowspan="2">31ᵉ id.</td>
<td></td><td></td><td></td><td></td>
</tr>
<tr><td>62ᵉ id.</td><td>123ᵉ id.
124ᵉ id.</td></tr>
<tr>
<td rowspan="2">32ᵉ id.</td>
<td>63ᵉ id.</td><td>125ᵉ id.
126ᵉ id.</td>
<td rowspan="2">32ᵉ id.</td><td rowspan="2">32ᵉ id.</td>
<td rowspan="6">11ᵉ div. id.</td>
<td>21ᵉ brig.</td><td>21ᵉ chass.
22ᵉ id.</td><td></td><td></td>
</tr>
<tr><td>64ᵉ id.</td><td>127ᵉ id.
128ᵉ id.</td><td>22ᵉ id.</td><td>23ᵉ id.
24ᵉ id.</td><td></td><td></td></tr>
<tr>
<td rowspan="2">33ᵉ id.</td>
<td>65ᵉ id.</td><td>129ᵉ id.
130ᵉ id.</td>
<td rowspan="2">33ᵉ id.</td><td rowspan="2">33ᵉ id.</td>
<td></td><td></td><td></td><td></td>
</tr>
<tr><td>66ᵉ id.</td><td>131ᵉ id.
132ᵉ id.</td><td></td><td></td><td></td><td></td></tr>

<tr>
<td rowspan="6">12ᵉ corps.</td>
<td rowspan="2">34ᵉ id.</td>
<td>67ᵉ id.</td><td>133ᵉ id.
134ᵉ id.</td>
<td rowspan="2">34ᵉ id.</td><td rowspan="2">34ᵉ id.</td>
<td></td><td></td><td></td><td></td>
</tr>
<tr><td>68ᵉ id.</td><td>135ᵉ id.
136ᵉ id.</td></tr>
<tr>
<td rowspan="2">35ᵉ id.</td>
<td>69ᵉ id.</td><td>137ᵉ id.
138ᵉ id.</td>
<td rowspan="2">35ᵉ id.</td><td rowspan="2">35ᵉ id.</td>
<td rowspan="6">12ᵉ div. id.</td>
<td>23ᵉ brig.</td><td>21ᵉ drag.
22ᵉ id.</td><td></td><td></td>
</tr>
<tr><td>70ᵉ id.</td><td>139ᵉ id.
140ᵉ id.</td><td>24ᵉ id.</td><td>23ᵉ id.
24ᵉ id.</td><td></td><td></td></tr>
<tr>
<td rowspan="2">36ᵉ id.</td>
<td>71ᵉ id.</td><td>141ᵉ id.
142ᵉ id.</td>
<td rowspan="2">36ᵉ id.</td><td rowspan="2">36ᵉ id.</td>
<td></td><td></td><td></td><td></td>
</tr>
<tr><td>72ᵉ id.</td><td>143ᵉ id.
144ᵉ id.</td><td></td><td></td><td></td><td></td></tr>
</table>

III. — ORGANISATION DES RÉGIMENTS

UNIFICATION DE LA CAVALERIE LÉGÈRE

Il y aurait incontestablement avantage à unifier la cavalerie légère, c'est-à-dire à confondre sous la même dénomination les chasseurs, les hussards et les chasseurs d'Afrique. Quant aux spahis, des officiers plus compétents pourront dire s'ils doivent exister, ce qui est probable, et l'organisation à leur donner.

Toute la cavalerie légère est destinée au même service ; elle a les mêmes chevaux, le même harnachement, le même armement. Les choses essentielles se trouvent donc être les mêmes, et il n'y aurait que peu de choses à rendre pareilles pour amener l'unification.

Pour aider à la facilité de l'équipement, de l'habillement, il faut demander d'ailleurs que les troupes de la cavalerie aient le plus possible d'effets semblables. C'est surtout dans l'habillement que résident les différences les plus considérables : toute la cavalerie, et mieux toute l'armée, devrait avoir le pantalon garance, et le vêtement du haut en drap bleu de roi.

C'est important aussi pour permettre les changements de corps reconnus indispensables soit pour les officiers, soit pour la troupe ; il est vrai que nous réclamons avec instance la suppression de ces changements.

ÉCLAIREURS

Le service d'éclaireurs réclame non pas formellement une organisation particulière, mais bien assurément, chacun le reconnaît, une instruction spéciale.

Si cette mission de la cavalerie exige des connaissances que peut ne pas avoir d'une manière indispensable tout le reste de la cavalerie, on devra instruire certaines fractions à y exceller.

Si l'on prenait dans divers escadrons de nos régiments quelques cavaliers plus propres à ce métier, c'est qu'ils y montreraient des aptitudes natives ; car on ne peut guère supposer que ces quelques hommes reçoivent, à part, des enseignements particuliers prenant le temps des instructeurs, qui appartient à tous.

C'est donc une troupe spéciale, dressée par ses officiers, choisis parmi ceux qui auraient l'aptitude et les connaissances indispensables, qu'il faut charger du soin d'éclairer l'armée.

Cette troupe doit être composée d'hommes et de chevaux vigoureux, rustiques et de taille à donner de l'armée qui les suit une opinion qui impose aux populations.

La témérité est une des qualités essentielles des éclaireurs ; ils ne doivent jamais redouter de s'aventurer trop au loin.

Leur instruction doit leur permettre de pouvoir rendre compte du terrain, des troupes, de l'état des voies ferrées et ordinaires, etc., etc.

Leur équipement doit être aussi léger que possible, le harnachement réduit presque à rien.

Tout cela ne peut s'adapter à quelques cavaliers pris dans les escadrons. Tout cela ne semble pas non plus applicable indistinctement à la cavalerie légère ou à la cavalerie de ligne.

Vouloir instruire des fractions aussi nombreuses à un métier qui exige d'être bien connu, c'est vouloir réussir incomplétement. Il faut, au contraire, concentrer les efforts des instructeurs sur le nombre d'hommes le plus restreint qu'il sera possible, afin d'être assuré d'un bon résultat.

Quel sera ce nombre restreint?

Chacune de nos armées, composée de trois corps d'armée, occupera, faisant face à l'ennemi, un espace de territoire qu'on peut apprécier : c'est cet espace que chaque général d'armée doit faire reconnaître, éclairer.

Il n'est pas probable que l'espace ainsi occupé s'étende à plus de 60 à 80 kilomètres, sous peine de voir une ligne mince, facile à briser, dont les éléments ne seraient jamais à proximité de se soutenir mutuellement.

Si, d'autre part, on abandonne enfin la détestable méthode d'envoyer en reconnaissance, en éclaireurs, des escadrons, des régiments entiers, alors qu'il s'agira seulement d'être renseigné et non de combattre, ce dernier rôle n'appartenant jamais qu'accidentellement à une troupe d'éclaireurs, on reconnaîtra qu'un régiment de cavalerie, constitué comme tous les autres régiments de l'arme, suffira à assurer la sécurité de l'armée.

Au fond, qu'est-ce que des éclaireurs, sinon des espions en tenue militaire, agissant à découvert? Or le chef d'état-major qui disposerait, pour être renseigné, sur un espace de 80 kilomètres, de 600 espions intelligents, instruits, résolus et dévoués, pourrait avoir toute sécurité sur la valeur des renseignements qui lui seraient apportés.

Le rôle des éclaireurs, l'instruction à leur donner, cela n'est pas nouveau. On reproche à la cavalerie d'opérer d'une

façon peu active ; on reproche à nos instructions de conserver aux avant-postes une forme trop passive. Ces reproches
sont-ils bien appliqués alors qu'on a entre les mains l'ou-
vrage du général de Brack, qui n'est assurément pas un doc-
trinaire nouveau? Quel est l'officier soucieux de connaître
son métier qui n'a pas lu, des *Avant-postes de cavalerie*,
l'épigraphe, l'avant-propos, page 8, au sujet 'de Curély, la
première page du livre sur le but de la cavalerie légère, etc.?
On peut voir là que « opérer au loin (15 lieues en avant de
l'armée), prendre le contact, etc., » ne sont des choses ignorées que des gens qui le veulent bien.

C'est donc moins aux institutions, à l'instruction qu'il faut
faire des reproches, qu'aux gens chargés de les mettre en
pratique.

On s'imagine de la façon suivante le fonctionnement d'un
régiment d'éclaireurs :

Le colonel, avec un noyau suffisant, à portée, en avant et
dans la direction de l'état-major général, à une distance de
5 à 6 kilomètres.

C'est à lui que doivent aboutir tous les renseignements, et
c'est lui qui doit porter plus ou moins loin, plus ou moins à
droite ou à gauche les groupes d'éclaireurs. Il doit exister,
une solidarité, une entente dans les questions d'exploration,
qui ne pourrait être obtenue si les éclaireurs appartenaient
à des commandements divers.

Chaque capitaine, avec son escadron, sur une ligne déter-
minée, se reliant à son voisin, à une distance proportionnelle
à l'étendue du front général, garde le plus gros de son
monde, mais il envoie constamment des patrouilles, rayon-
nant en éventail, sur un itinéraire fixé à l'avance. Ces patrouilles, composées de trois hommes au plus, doivent être
poussées jusqu'à l'ennemi, jusqu'au *contact*, à moins de nécessités contraires indiquées par le général en chef.

Lorsque, dans une marche en avant, il y a lieu et possibilité d'entrer brusquement dans une ville ouverte, le capitaine vis-à-vis duquel elle se trouve s'y engage le premier, avec ce qu'il juge nécessaire de troupes de son escadron ; au besoin, c'est un lieutenant-colonel qui exécute cette opération, soit sur l'ordre du colonel, soit par l'opportunité d'une occasion.

Cela remet en mémoire ce que fit le général Steingel pendant la campagne d'Italie, et que rapporte le général de Brack.

CAVALERIE DES ÉTATS-MAJORS

Il y aurait avantage à créer une cavalerie spéciale pour le service des états-majors, par cette double raison que, d'une part, on ne serait pas obligé pour y subvenir d'épuiser les régiments de la cavalerie destinée à combattre, et que, d'autre part, on aurait des troupes accoutumées à ce service et l'exécutant mieux.

Il a été expliqué déjà que cette troupe, à raison d'un escadron par division d'infanterie, serait suffisante pour subvenir aux besoins divers de la division, du corps d'armée et de l'armée.

Sa constitution serait celle de tous les escadrons de cavalerie, plus un médecin, un vétérinaire et un comptable.

Nous demandons pour ce service une cavalerie recrutée dans les mêmes conditions que l'étaient autrefois nos régiments de lanciers. Comme espèce d'hommes, le recrutement peut n'avoir rien de spécial, sinon pour l'uniformité approximative de la taille ; ici encore c'est surtout une question d'instruction qui doit assurer la perfection du service.

NOMBRE D'ESCADRONS DU RÉGIMENT

La composition normale du régiment paraît être, sans aucun doute, à cinq escadrons, dont quatre mobilisés et un formant dépôt.

Les différences dans le subdivisionnement ne paraissent pas nécessaires ; un régiment de cuirassiers doit avoir cinq escadrons pour les mêmes raisons qu'un régiment de chasseurs ; il y a là des questions d'administration et de tactique qui subsistent également pour toutes les subdivisions de la cavalerie.

Il ne paraît pas utile d'avoir plus de quatre escadrons mobilisés sous le commandement du même chef, parce que ces escadrons, maintenus au complet de 130 chevaux, 150 hommes, forment un effectif suffisamment fort pour produire un résultat d'action déjà considérable.

L'objection puisée dans la nécessité d'avoir des cadres en plus pour y placer les réserves ne semble pas devoir produire grand bien : si la cavalerie doit avoir des hommes et des chevaux de réserve, il y aura avantage à les placer dans un escadron déjà nombreux, où ils se fondront mieux et acquerront plus vite les habitudes utiles, l'esprit.

Si, au contraire, on les place dans de maigres cadres, ce sont ces cadres qui prendront l'esprit des nouveaux venus. Si cet esprit est bon, tant mieux, mais cela se trouve un peu abandonné au hasard.

CONSTITUTION DU DÉPOT

Dans un régiment mobilisant quatre escadrons, le dépôt, constitué d'un escadron, peut suffire très-largement à l'envoi devant l'ennemi des détachements de remplacement qui deviendront nécessaires.

L'escadron dépôt peut recevoir, immédiatement après le départ des escadrons mobilisés, un grand nombre de recrues ou de réservistes. Si ce sont des recrues, on peut en évaluer le chiffre à une classe annuelle, soit environ 200 hommes, 250 au plus. Les quatre chefs de peloton peuvent subvenir à l'obligation de les instruire ; 250 hommes forment huit pelotons, dont le commandement peut être confié à chacun des huit sous-officiers, chaque officier ayant à surveiller deux pelotons.

L'instruction individuelle donne 15 hommes à chaque brigadier, sans compter les élèves brigadiers ; les sous-officiers surveilleront deux classes.

Quant à l'apprentissage du service autre que l'instruction, il est assuré aux recrues par les 150 hommes de cadres et anciens soldats de l'escadron ; ce sont : les devoirs du service en campagne, le paquetage, les soins aux chevaux, etc.

Les 130 chevaux de l'escadron, montés pendant deux séances de une heure et demie chacune, d'un travail bien réglé, seront aussi suffisants.

Au bout d'un mois sérieusement employé, on pourrait déjà envoyer 75 hommes des anciens de l'escadron aux escadrons mobilisés, sans un préjudice appréciable pour la continuation de l'instruction des recrues.

Si le dépôt reçoit des réservistes qui, de toute |nécessité, doivent avoir déjà reçu l'instruction, après avoir été exercés et équipés à nouveau, ils peuvent rejoindre immédiatement. Dans ce cas, les anciens de l'escadron seront employés au dressage des chevaux. Ces chevaux peuvent être évalués à un nombre maximum de 200.

Les réservistes peuvent aussi être employés au dressage jusqu'à leur départ pour rejoindre.

Nous avons donc la ferme conviction qu'un dépôt de 130 chevaux, 150 hommes et les cadres d'officiers d'un escadron, avec le capitaine instructeur, peuvent subvenir aux nécessités de l'instruction suffisamment rapide de 250 recrues et 200 chevaux.

RÉUNION DU DÉPOT AU RÉGIMENT

Il y aurait toujours avantage à maintenir réunies les diverses fractions d'un même régiment, pour y entretenir l'esprit de solidarité indispensable à la guerre. Le dépôt, particulièrement chargé d'alimenter les escadrons envoyés au combat, a besoin de connaître le personnel au milieu duquel vont se trouver les détachements qui rejoignent ; ils doivent, ces détachements, se sentir chez eux en arrivant et être accueillis comme étant de la famille.

Il semble inutile de vouloir prouver qu'en temps de paix les diverses classes de recrues seront plus vite et plus complétement initiées aux détails du service, et acquerront une instruction plus rapide étant réparties dans les cadres, au milieu des anciens soldats de cinq escadrons, que si elles étaient concentrées dans un seul.

Si l'on se résout à tenir les escadrons au complet, la permanence du dépôt n'entraînera à aucune dépense, à aucune autre gêne que celle d'un casernement suffisant pour maintenir ensemble et le dépôt et la partie mobilisée. Lorsque les escadrons viennent à partir dans une armée active, celui du dépôt se trouve tout naturellement constitué sur lui-même, et il n'est besoin que de désigner les membres du conseil d'administration, désignation qui peut et doit être faite à l'avance.

CONSTITUTION DE L'ESCADRON

La composition d'effectif de l'escadron, du dépôt et du régiment est indiquée dans le tableau ci-après.

L'adjonction d'un adjudant au cadre de l'escadron peut

avoir les meilleurs résultats à divers points de vue ; cette création permettrait de diminuer le service des officiers, qu'on a trop prodigués de nos jours aux détails les plus infimes du service intérieur.

Elle permettrait, en déchargeant le maréchal des logis chef de ce qui concerne plus spécialement le service général, de le laisser s'occuper plus exclusivement de ce qui concerne uniquement l'escadron et son administration ; par suite, on pourrait supprimer le brigadier-fourrier.

Elle donnerait le moyen de rehausser la position des sous-officiers, en leur accordant un plus grand nombre de titulaires à l'emploi le plus élevé du grade, et elle augmenterait aussi le prestige de l'épaulette d'officier, parce qu'on pourrait récompenser par l'emploi d'adjudant un grand nombre de sujets méritants, mais peu instruits, qu'on se trouve entraîné à nommer officiers.

OUVRIERS DE L'ESCADRON

L'escadron de cavalerie n'est pas très-fréquemment appelé à agir isolément, mais il doit pouvoir le faire ; il ne sera jamais bien complet s'il n'a avec lui tout ce qui est nécessaire à une marche où il sera seul.

Il doit donc avoir ses ouvriers : bottier, sellier, armurier et tailleur, tout aussi bien qu'il a son maréchal. Ces hommes feront partie de l'escadron en tout temps et l'accompagneront en toute circonstance. En temps de paix, ils se réuniront sous la direction des maîtres ouvriers et concourront aux confections régimentaires, s'il y a lieu, tout aussi bien qu'aux réparations de l'escadron.

En cas de départ, l'escadron ne doit pas attendre, comme aujourd'hui, que le capitaine d'habillement fasse la désignation d'ouvriers pour l'accompagner ; ils ne se trouveront plu des étrangers mis en subsistance dans une fraction qui n'est pas la leur. Muni de son attirail d'outils, comme l'ouvrier allant faire son tour de France, chacun d'eux, à la moindre alerte, part avec son escadron.

PIONNIERS MONTÉS

Le pionnier de cavalerie serait une institution regrettable.

Qu'on laisse l'homme de la cavalerie rester cavalier, et si l'on prévoit le besoin de pionniers à cheval, que l'on crée des pionniers.

La cavalerie est appelée à opérer au loin, à détruire des ouvrages d'art, voies ferrées et autres; ce rôle est resté probable pour la cavalerie, bien que nos dernières guerres n'en aient montré aucun exemple ni chez nous ni chez nos ennemis. Dans a prévision d'une opération de ce genre, dont l'occasion cependant ne se présentera peut-être jamais, on peut se dispenser d'employer nos cavaliers aux travaux de terrassement.

Les raids américains avaient donné lieu de penser qu'ils se renouvelleraient dans les collisions européennes.

Mais dans nos contrées on opère toujours à proximité de ressources qui ont pu manquer aux armées des États-Unis; nous trouverons toujours des routes, ne serait-ce que la voie ferrée elle-même; nous trouverons des terrassiers et des ouls, les Allemands ont bien su en trouver chez nous.

Mais si les ouvriers et les outils n'étaient pas assurés, ne vaudrait-il pas mieux, au lieu de pionniers montés, prendre une de ces voitures si parfaitement organisées par les administrations spéciales, garnie d'ouvriers et d'outils, bien attelée, qui suivrait le détachement de cavalerie et opérerait sous sa protection. De cette façon, les travailleurs ne seraient pas déja exténués par la course en arrivant sur le terrain ; ils ne seraient pas embarrassés par leur monture, et s'il ne leur manquait qu'une certaine quantité de bras. le détachement par moitié, pourrait leur venir en aide, sans avoir pour cela besoin d'une longue expérience.

	Hommes Officier	Hommes Troup.	Chevaux Officier	Chevaux Troup.
ÉTAT-MAJOR MOBILISÉ DU RÉGIMENT				
Colonel	1	»	3	»
Lieutenants-colonels	2	»	6	»
Médecins	2	»	2	»
Vétérinaires	2	»	2	»
Adjudants, secrétaire du colonel, payeur, porte-étendard	»	3	»	3
Trompette-major suivant le colonel	»	1	»	1
Cavaliers ordonnances d'offic. et d'adjud.	»	11	»	»
Cavaliers garde étendard	»	2	»	2
	7	17	13	6
CONSTITUTION DE L'ESCADRON				
Capitaine commandant	1	»	2	»
Lieutenant	1	»	2	»
Sous-lieutenant	4	»	8	»
Adjudant	»	1	»	1
Maréchal des logis chef	»	1	»	1
Fourrier	»	1	»	1
Maréchaux des logis	»	8	»	8
Brigadiers	»	16	»	16
Trompettes	»	4	»	4
Élèves trompettes	»	4	»	4
Maréchaux	»	4	»	4
Cavaliers de 1re classe	»	32	»	32
Cavaliers de 2e classe montés	»	59	»	59
Cavaliers de 2e classe non montés	»	10	»	»
Ordonnances d'officiers	»	6	»	»
Ouvriers : sellier, armurier, tailleur, bottier	»	4	»	»
	6	150	12	130
EFFECTIF DU RÉGIMENT MOBILISÉ — État-major	7	17	13	6
Quatre escadrons	24	600	48	520
	31	617	61	526
	618		587	
ÉTAT-MAJOR NON MOBILISÉ DE RÉGIMENT				
Capitaine instructeur	1	»	1	»
Trésorier	1	»	»	»
Officier d'habillement	1	»	»	»
Maîtres ouvriers	»	4	»	»
Sous-maîtres ouvriers	»	4	»	»
Ouvriers	»	30	»	»
Ordonnances d'officiers	»	3	»	»
Secrétaires du trésorier	»	3	»	»
Garde-magasin et secrétaire de l'habillement	»	2	»	»
Secrétaire de l'instructeur	»	1	»	»
	3	47	1	»
RÉGIMENT COMPLET — Partie mobilisée — État-major	7	17	13	6
Partie mobilisée — Quatre escadrons	24	600	48	520
Partie non mobilisée — État-major	3	47	1	»
Partie non mobilisée — Escadron de dépôt	6	150	12	130
	40	814	74	656
	854		730	

RÉCAPITULATION

	Régiments	Escadrons	HOMMES		CHEVAUX	
			Offic.	Troup.	Offic.	Troup.
CAVALERIE MOBILISÉE — A chaque armée une division de cuirassiers.	16	64	496	9872	976	8416
A chaque armée un régiment d'éclaireurs.	4	16	124	2468	244	2104
A chaque corps d'armée une division de cavalerie, dragons,	24	96	744	14808	1464	12624
chasseurs.	24	96	744	14808	1464	12624
A chaque division d'infanterie un escadron formant corps.	»	36	216	5400	432	4680
	68	308	2324	47356	4580	40448
CAVALERIE NON MOBILISÉE — États-majors non mobilisés de régiment.	»	»	204	3196	68	»
Escadrons de dépôt de chaque régiment.	»	68	408	10200	816	8840
Chevaux de remplacement annuel (soit dans les remontes, soit dans les corps).	»	»	»	»	600	7500
Compagnies de cavaliers de remonte.	»	»	60	600	»	»
Écoles de sous-officiers (5 écoles à 400 élèves).	»	»	50	2000	50	2000
École de Saumur.	»	»	150	500	150	500
	»	68	872	16496	1684	18840
EFFECTIFS GÉNÉRAUX — Cavalerie mobilisée.	68	308	2324	47356	4580	40448
Cavalerie non mobilisée.	»	68	872	16496	1684	18840
	68	376	3196	63852	6264	59288
			67048		65552	
RÉCAPITULATION PAR SOUS-ARMES — Cavalerie de combat — Cuirassiers.	16	80	640	13024	1184	10496
Dragons.	24	120	960	19536	1776	15744
Chasseurs.	24	120	960	19536	1776	15744
Éclaireurs.	4	20	160	3256	296	2624
Cavalerie divisionnaire.	»	36	216	5400	432	4680
Cavaliers de remonte.	»	»	60	600	»	»
Écoles de sous-officiers.	»	»	50	2000	50	2000
École de Saumur.	»	»	150	500	150	500
Chevaux de remplacement.	»	»	»	»	600	7500
	68	376	3196	63852	6264	59288
			67048		65552	

IV. — PERSONNEL DU RÉGIMENT

Dans la plupart des projets de réorganisation, c'est surtout au matériel, aux engins de guerre qu'on s'en prend ; c'est sur eux qu'on veut faire les modifications les plus radicales, les retranchements ou les additions les plus considérables.

Et cependant, dans la guerre que nous venons de traverser, est-ce bien le matériel qui nous a fait défaut ?

Pour ne nous occuper que de notre arme, la cavalerie, que nous manquait-il en fait de matériel ?

Nous avions de bons chevaux, et si tout d'abord le nombre en était insuffisant, chacun sait bien que les ressources de la France à cet égard sont considérables ; dans notre population chevaline de 3 millions, nous trouverons toujours de quoi former nos escadrons de cavalerie à 130 chevaux.

Si notre harnachement n'était pas absolument parfait, du moins nous a-t-il rendu les services que nous en attendions, et cela sans trop mériter de récriminations.

Nos armes étaient excellentes. L'équipement, le campement, nous avions tout cela ; et si l'on en voulait douter malgré l'évidence, il faudrait le demander aux officiers de troupe, qui ont vu leurs hommes, à plusieurs reprises, se débarrasser — paresse et imprévoyance — non-seulement de leurs tentes, de leurs cordes, de leurs marmites, mais encore de leurs effets purement personnels, manteaux, vestes, bottes, etc.; — il faudrait le demander à ces immenses trains de butin de toute sorte emmenés par l'ennemi.

Avouons-nous-le donc une bonne fois, ce n'est pas au

manque de matériel qu'il faut attribuer notre immense et douloureuse défaite, c'est bien plutôt à l'insuffisance du personnel, comme nombre et comme valeur.

Dire que les Allemands doivent leur succès à leur supériorité en artillerie, c'est renouveler l'erreur de 1866, qui voulait attribuer au seul fusil à aiguille leur victoire de Sadowa; c'est faire trop bon marché des autres immenses moyens dont ils disposaient; c'est, en particulier, nier le rôle important des 70,000 hommes de cavalerie qui formaient toujours, ils le disent, un vaste rideau devant leurs armées.

C'est donc surtout sur le personnel de notre armée qu'il est utile d'appeler l'attention des réorganisateurs.

Nous ne nous occuperons ici que de la cavalerie, convaincu que d'autres, plus compétents, auront déjà fait ou feront pour leur arme ce que nous entreprenons pour la nôtre.

OFFICIERS

On a peu à peu augmenté le nombre des officiers dans la cavalerie, ce qui l'a rendue de plus en plus coûteuse, sans une nécessité bien indiscutable.

On a prétexté la multiplicité des détails, qui exige une surveillance, plus assurée, croit-on, quand elle est plus divisée. Ce n'est pas toujours vrai, chacun comptant souvent sur le voisin chargé des mêmes obligations. En diminuant le nombre des officiers, on rendra la responsabilité plus précise et plus efficace.

Mais pour opérer des diminutions, il faudrait abandonner quelques-unes des habitudes qui nous privent de nos officiers ou qui amoindrissent leur rôle et leur autorité.

On amoindrit le rôle des officiers, chacun en faisant le métier du grade inférieur : le colonel en faisant le métier de capitaine commandant, celui-ci en faisant le métier d'officier de peloton, etc.

C'est l'inverse qu'il faudrait faire : le sous-officier de peloton devrait n'avoir besoin que rarement de son officier; l'officier de peloton, jamais besoin de son capitaine, et le capitaine, jamais du colonel.

Ne pas faire de caporalisme, grandir chacun, au contraire, en fonctions, pour le grandir en considération. On prodigue trop les officiers dans le travail intérieur. Un officier doit voir sa troupe chaque jour, c'est vrai, mais en homme qui inspecte et non en homme qui astique. On était arrivé, de nos jours, presque à faire fabriquer le blanc et le cirage par les commissions d'officiers.

Cela signifierait-il que chacun se sent plus à l'aise, plus apte, plus à sa place, dans les fonctions au-dessous de son grade?

Ce serait un grave malheur, auquel il faudrait apporter un remède prompt et radical.

On prive d'officiers nos régiments de toutes les façons imaginables; il semble qu'on ne fasse des officiers régimentaires que pour les employer au dehors.

L'abus le plus grave à cet égard est assurément celui des officiers d'ordonnance détachés près des officiers généraux; abus grave par le nombre des officiers qu'il distrait du service. C'est une porte ouverte au népotisme et à la faveur, c'est-à-dire à l'iniquité.

Viennent ensuite tous les services accessoires : remontes, recrutement, bureaux arabes, intendance, écoles militaires, etc., qui nous prennent les meilleurs officiers des corps, de telle sorte que ceux qu'on est le plus sûr de conserver, ce sont ceux qui ne sont propres à aucun emploi spécial.

Que tous ces services-là aient un personnel puisé dans nos

régiments, si cela est nécessaire, rien de mieux, mais qu'il ne compte plus à l'effectif du cadre régimentaire.

De deux choses l'une : ou ces officiers sont utiles dans leur régiment, et alors il faut les y laisser ou les remplacer ; — ou ils n'y sont pas utiles, et alors il ne fallait pas les créer.

Toutes les fois qu'il y aura plus que les cadres ou moins que les cadres nécessaires dans un régiment, ce sera toujours au préjudice de l'État, soit comme finances, soit comme service.

Pour déterminer la quantité strictement nécessaire des titulaires de chaque grade, il faut examiner successivement chacun de ces grades.

Colonel. — Il faut demander que le colonel reste un peu plus dans les attributions que lui imposent nos règlements ; ce doit être un guide et un recours pour tous, plutôt qu'un agent actif et méticuleux du service journalier. Qu'il se prodigue un peu moins et qu'il exige de chacun le rigoureux accomplissement de ses devoirs. Quand on est trop près, on voit mal ; on ne voit qu'une partie de ce qu'on doit voir. Le colonel doit embrasser l'ensemble, par conséquent se tenir à distance.

Pour que les choses soient bien faites, il faut que celui qui est chargé de l'exécution n'ait pas en même temps le contrôle. Il ne faut donc pas que le colonel, qui ne doit absolument que contrôler, se mette lui-même à l'exécution.

Il ne faut pas que le colonel, et en général tout supérieur dise : « Je fais telle besogne parce que si je ne la faisais pas, elle ne serait pas faite ; mon inférieur, qui en est chargé, en étant incapable par paresse ou inaptitude. » La seule besogne du colonel dans ce cas, et il ne doit pas y faillir, est d'exiger de l'inférieur, à tout prix, l'exécution des devoirs qu'il a à remplir.

Lieutenant-colonel. — Ces fonctions sont celles du chef de corps exécutant les diverses obligations du service ; elles sont des plus importantes, et ce ne sera pas trop d'avoir deux titulaires qui se les partagent dans chaque régiment.

L'un des lieutenants-colonels sera chargé de tout ce qui touche au service intérieur, à la discipline, à la tenue ; l'autre s'occupera de l'administration et de l'instruction.

Chef d'escadron. — Si l'on peut bien expliquer la raison d'être d'un chef de bataillon, parce qu'il commande une unité souvent isolée, détachée, formant corps, en revanche on ne peut rien imaginer de plus complétement inutile qu'un chef d'escadron.

Il n'a aucun commandement ; c'est un rouage destiné uniquement à compliquer la marche des choses et à les retarder.

Les seuls véritables chefs d'escadrons, ce sont les capitaines commandants.

Tout ce dont l'utilité n'est pas démontrée est nuisible et doit être supprimé.

Major. — Les fonctions de directeur de l'administration peuvent être agrandies de celles de directeur de l'instruction ; cela forme une des branches bien tranchées de la conduite du régiment, et peut-être la plus importante. Il n'a évidemment pas besoin d'un intermédiaire qui ne ferait que recevoir ses comptes rendus pour les transmettre au colonel. Il peut et doit rendre compte directement ; c'est pour cela que nous le ferions lieutenant-colonel.

Capitaine instructeur. — Il y a une façon mauvaise de raisonner, c'est de généraliser à contre-temps. Il est possible que l'emploi de capitaine instructeur ne convienne pas à l'organisation de l'infanterie, bien qu'on puisse soutenir le contraire ; mais parce que c'est, à ce qu'on dit, inutile dans cette arme, il ne s'ensuit pas que ce soit mauvais ou inutile pour la nôtre. Il ne faut pas s'astreindre absolument à l'uniformité de constitution.

Les fonctions d'instructeur ne peuvent, pas plus dans l'infanterie que chez nous, être abandonnées à tous les officiers; tous ne sont pas aptes à instruire, ou tout au moins aptes au même degré.

Il en est de ces fonctions comme de celles d'instituteur dans la vie civile : ne l'est pas qui veut ou prétend l'être. Le professorat exige certaines qualités qui ne se trouvent pas chez tous. Si on les trouve développées chez certains officiers, ce serait un tort grave de n'en pas faire profiter tous les soldats, tous les cadres d'un même régiment.

Mais les fonctions d'instructeur peuvent être comprises plus ou moins sérieusement.

Un instructeur de cavalerie doit instruire les cadres sur tout ce qu'ils doivent savoir et apprendre; non-seulement donc l'instructeur sera chargé de l'instruction purement militaire, mais encore il devra avoir sous sa direction tout ce qui ressortit aujourd'hui aux fonctions de directeur des écoles.

Il y a lieu de dire ici quelques mots sur les écoles régimentaires.

L'armée n'est pas faite pour instruire la nation; c'est la nation qui doit fournir à l'armée des hommes instruits; l'armée ne doit donner à son personnel qu'un enseignement spécial. Il ne faut donc pas que les régiments usent leur temps et leurs forces à apprendre aux soldats à lire et à écrire; les soldats doivent avoir au moins cette première et indispensable instruction à leur arrivée au corps.

Il paraît possible d'obtenir que tous les Français sachent lire et écrire, sans recourir à des lois spéciales qui rendent l'instruction obligatoire. On peut introduire dans la loi sur l'organisation de l'armée une disposition qui aura certainement une merveilleuse efficacité.

Partant de cette idée que tout homme illettré rend incontestablement moins de services utiles à la patrie qu'un homme instruit, et que cependant chacun en doit une somme égale; sans tenir compte de la paresse et de la mauvaise volonté, on devrait édicter que, pour compenser les services moins considérables rendus par les illettrés, ils auront à servir plus longtemps que les autres, deux années par exemple.

Que cette loi soit mise rigoureusement en vigueur, que tout jeune soldat ne pouvant, à son arrivée dans un régiment justifier qu'il sait lire et écrire, soit astreint à servir sept ans au lieu de cinq, l'on peut assurer à l'avance que dans cinq ans, peut-être dans deux ou trois, il ne se présentera plus un seul ignorant.

L'article 41 de la nouvelle loi sur le recrutement donne déjà satisfaction à cette idée, mais la mesure adoptée paraît encore insuffisante.

Cette première instruction n'étant plus à la charge de l'armée, on peut supprimer tout d'un coup cette gênante institution des écoles du premier degré, et tout l'attirail de personnel, de dépenses et d'abus qu'elle entraînait.

L'instructeur d'un régiment devra avoir sous sa direction tous les cours théoriques et pratiques professés aux cadres; ces cours peuvent être compris de la manière suivante :

Droit. — Administration des escadrons, administration du corps, service intérieur, service des places, code de justice militaire, droit des gens, conventions internationales.

Histoire. — Chronologie générale, histoire militaire des peuples, histoire de France, étude des guerres nationales.

Géographie. — Cosmographie, géographie, topographie.

Art militaire. — Service en campagne, reconnaissances,

fortification, exercices et évolutions, tactique de l'arme, tactique des autres armes, armées étrangères.

Hippologie. — Anatomie, physiologie, botanique, ferrure, harnachement, hygiène, médecine (1).

Quant à l'instruction des jeunes soldats et des jeunes chevaux, elle peut sans inconvénient être laissée indistinctement soit au capitaine instructeur, soit aux capitaines commandants, puisque tous se servent également pour cela d'instructeurs dressés par le capitaine instructeur ou sortant des écoles de l'arme.

Peut-être y aurait-il avantage à concentrer tous les soins de l'instructeur sur les cadres seuls.

L'instruction, on l'a éprouvé dans la dernière guerre, réclame impérieusement, dans l'armée française, les soins de chacun ; ce n'est donc pas trop d'appeler à la répandre dans les régiments les capitaines commandants en même temps que le capitaine instructeur.

On a mis en question l'existence du capitaine instructeur. Jusqu'à présent ses fonctions avaient été considérées comme extrêmement importantes, et c'est après les grandes guerres du commencement du siècle qu'on l'avait reconnu indispensable.

Aujourd'hui, après une guerre désastreuse, qu'on reconnaît avoir été telle, entre autres causes, par le manque bien évident d'instruction parmi nos officiers, il ne paraît guère possible qu'on songe à supprimer l'emploi le plus propre à donner une impulsion énergique à cette branche du service.

---

(1) Ce programme, très-détaillé ici, n'a de compliqué que l'apparence, et paraît pouvoir être parcouru à nouveau chaque année sauf à l'approfondir davantage chaque fois. A raison d'une séance par semaine sur chacune de ces cinq subdivisions, on pourrait avoir de 40 à 50 séances par année et il doit sembler que 40 séances sur le droit, sur l'histoire, la géographie, l'art militaire ou l'hippologie, doivent apprendre beaucoup de choses à un auditoire déjà instruit.

Adjudants-majors. — C'est un emploi inutile ; ce qui le prouve, c'est que le plus fréquemment, en pratique, l'adjudant-major est remplacé par le plus ancien lieutenant ou sous-lieutenant. Quant aux théories sur le service intérieur, elles se trouveront plus judicieusement remises aux officiers d'escadrons, sous la direction du capitaine instructeur.

Ces fonctions peuvent être remplies par les lieutenants.

Trésorier, officier d'habillement. — Les officiers comptables doivent être pris hors cadres ou considérés comme tels. Ces fonctions sont trop assujettissantes et détournent trop absolument les titulaires des habitudes actives du service pour qu'ils puissent aller sans regret alternativement de l'une à l'autre de ces deux façons de vivre.

Ce devrait être des officiers que l'intendance attacherait aux régiments comme y sont attachés les médecins, les vétérinaires, mais qui ne seraient qu'au même titre compris dans la constitution du régiment.

Ce pourrait être une issue pour les officiers du service actif que l'âge ou des conditions spéciales de santé ou de tempérament forceraient à éloigner des escadrons.

Ces fonctionnaires devraient avoir, comme chacun, une solde personnelle ; les frais de bureaux seraient supprimés, les fournitures seraient faites par les magasins de l'État ou par l'industrie privée, sur facture, comme cela a lieu pour les médicaments, avec un maximum qui ne pourrait être dépassé.

Cela n'empêcherait en rien les comptables d'être membres responsables des conseils d'administration.

Officier payeur. — Ce sont des fonctions tout à fait inutiles en temps de paix, dans les circonstances ordinaires ; en temps de guerre, cet officier n'a absolument qu'à faire des états de solde et les bons de distribution d'après les états d'effectif qui lui sont fournis par les escadrons.

Ce travail est celui d'un secrétaire, qui peut être fait par un sous-officier, un adjudant, par exemple, sous la direction et la responsabilité du lieutenant-colonel chargé de l'administration.

Porte-étendard. — Ces fonctions, qui deviennent tout à fait nulles en campagne, peuvent aussi être confiées à un adjudant.

Médecins, vétérinaires. — Deux médecins et deux vétérinaires peuvent suffire aux besoins du service ; en temps de guerre, on devrait se donner le moyen de les remplacer en admettant dans les dépôts des aides puisés dans les hôpitaux, les écoles, la réserve et l'armée territoriale.

Capitaines-commandants. — C'est, pour l'escadron, ce que le colonel est pour le régiment, c'est-à-dire le rouage essentiel, le pivot sur lequel tout repose.

Soit par suite d'un amoindrissement dans la valeur des titulaires, soit bien plutôt par suite des empiétements successifs opérés sur ses prérogatives, c'est un grade qui se trouve aujourd'hui avoir besoin d'être complétement rehaussé, et cela d'une façon indispensable, sous peine de voir péricliter tout ce qui se trouve sous son commandement.

Le capitaine se trouvera grandi par la suppression des chefs d'escadrons, reconnus inutiles ; c'est le capitaine qui est le vrai chef d'escadron, et en en créant un autre, alors même qu'il n'en aurait que le nom, cela devait nécessairement déconsidérer celui qui fait les fonctions, mais se trouve subordonné.

La suppression des capitaines en second doit aussi donner plus de prestige aux capitaines. La question des classes dans les divers grades n'est qu'une question d'émoluments à laquelle il faut renoncer, justement alors qu'il s'agit d'avoir une armée nombreuse avec le budget le moins élevé possible.

C'était une création anomale de voir deux officiers du même grade pour la même fraction de troupe.

En théorie, cela devait nécessairement ruiner l'unité de commandement, si recherchée et si indispensable dans l'armée ; la pratique venait confirmer cette théorie ; on a vu des capitaines en second plus anciens que leurs capitaines-commandants, ayant par conséquent, au nom de la loi, le droit absolu de commandement.

Si une telle situation n'a pas amené de collisions, elle n'en a pas moins été extrêmement préjudiciable à l'autorité du capitaine-commandant.

Lorsque le capitaine se trouvera ainsi seul responsable de son escadron, il se trouvera grandi aux yeux de tous.

Il est à prévoir, comme preuve, qu'au bout de quelques années, et peut-être même immédiatement, c'est le capitaine qui héritera de ce titre, qui n'est pas réglementaire dans la hiérarchie, mais que portaient les chefs d'escadrons : on l'appellera « mon commandant. »

Capitaine en second. — Supprimé. Cette suppression n'a pas besoin d'être longuement motivée, elle est reconnue nécessaire par chacun depuis longtemps, tout aussi bien que celle des chefs d'escadrons.

Lieutenant. — Le général Bardin nous reproche très-fréquemment, et avec raison, l'incorrection du langage militaire ; on commence par fausser la signification des mots, et peu à peu les idées se trouvent complétement modifiées aussi et méconnaissables. Ainsi, que veut dire le mot lieutenant, sinon *qui tient lieu,* qui supplée? Or le vrai lieutenant du capitaine, aujourd'hui, c'est le capitaine en second. On n'a donc qu'à revenir à la logique des mots et des idées.

Le lieutenant doit être le suppléant du capitaine. Il n'offusquera pas son prestige, puisqu'il est d'un grade inférieur, et il tiendra sa place au moment où le capitaine viendra accidentellement à manquer.

Il faut dire ici qu'on prévoit beaucoup trop l'absence des titulaires d'emploi et qui ont besoin de lieutenants. Cela ne devrait être prévu que pour le champ de bataille.

Les fonctions de lieutenant dans l'escadron sont celles et uniquement celles que le capitaine lui assignera selon les nécessités du service; il ne devra jamais prendre le commandement d'un peloton, ce qui serait le faire rétrograder en fonctions.

Il devra aussi remplir les fonctions dévolues aujourd'hui aux adjudants-majors.

Les lieutenants vivent ensemble seuls.

Sous-lieutenants. — C'est ainsi que se nomment les chefs de peloton. Leurs fonctions doivent rester les mêmes que celles attribuées aujourd'hui aux lieutenants et sous-lieutenants. Ils doivent être subordonnés aux lieutenants.

Actuellement il existe dans nos mœurs cette anomalie bizarre, absolument contraire à la loi, c'est qu'un officier d'un grade inférieur à un autre officier ne donne pas à ce dernier les marques de déférence et de respect qui lui sont dues.

Tous les deux, le lieutenant et le sous-lieutenant, vivent ensemble et, pour peu que le plus jeune ait plus d'audace de langage ou plus d'assurance, par suite de sa position extra-militaire, il bafoue l'ancien et le déconsidère nonseulement aux yeux des sous-lieutenants, mais encore aux yeux des camarades lieutenants et de lui-même, pauvre bafoué.

Il s'est présenté souvent qu'un lieutenant, gravement insulté par un sous-lieutenant, n'a eu d'autre satisfaction que celle qu'il obtenait lui-même par les armes.

Quelle discipline veut-on conserver avec un tel mode d'opérer?

Cette anomalie vient de la parité de fonctions, qui amène nécessairement la communauté d'habitudes, d'existence.

A parité de fonctions il faut donc une parité absolue de grade.

Il faut demander que la position de sous-lieutenant soit, d'une façon générale, rehaussée par un emploi moins fréquent aux détails du service intérieur. Ce sera en même temps rehausser le grade de sous-officier de peloton en lui confiant bon nombre de choses laissées abusivement, de nos jours, aux officiers.

DÉPENSE ACTUELLE

1 Colonel.	Solde	»	7200	10160
	Logement	»	900	
	Frais de bureau.	»	260	
	Frais éventuels	»	300	
	Frais de représentation. .	»	1440	
1 Lieutenant-co-lonel	Solde	»	5100	6240
	Logement.	»	840	
3 Chefs d'esca-drons.	Solde	4600	13800	15960
	Logement	720	2160	
1 Major.	Solde	»	4600	5620
	Logement	»	720	
	Frais de bureau.	»	300	
1 Capitaine in-structeur. . .	Solde	»	3100	4235
	Logement.	»	360	
	Indemnité de fonctions. .	»	775	
3 Adjudants ma-jors.	Solde	2800	8400	9480
	Logement.	360	1080	
1 Capitaine tré-sorier.	Solde	»	3100	5476
	Logement	»	360	
	Frais de bureau.	»	1800	
	Emplacement de bureaux.	»	216	
1 Adjoint au tré-sorier.	Solde.	»	2050	2290
	Logement	»	240	
1 Capitaine d'ha-billement. . .	Solde	»	3100	3980
	Logement	»	360	
	Frais de bureau.	»	400	
	Emplacement de bureaux.	»	120	
1 Porte-étendard	Solde	»	2150	2390
	Logement	»	240	
1 Médecin major 2e classe . . .	Solde	»	3200	3560
	Logement	»	360	
1 Médecin aide major 1re cl. .	Solde	»	2250	2610
	Logement	»	360	
1 Vétérinaire en premier . . .	Solde	»	2800	3160
	Logement	»	360	
1 Vétérinaire en deuxième. . .	Solde	»	2250	2190
	Logement	»	240	
	À reporter.	. . .		77651

		Report.		77651
1 Aide vétéri-{	Solde	»	2050 }	
naire . . . . . {	Logement	»	210 }	2290
6 Capitaines com-{	Solde	3100	18600 }	
mandants . . {	Logement	360	2160 }	20760
6 Capitaines en{	Solde	2800	16800 }	
second. . . . {	Logement.	360	2160 }	18960
6 Lieutenants en{	Solde	2250	13500 }	
premier . . . {	Logement	240	1440 }	14910
6 Lieutenants en{	Solde	2 50	12900 }	
deuxième . . {	Logement	240	1440 }	11340
18 Sous-lieute-{	Solde	2050	36900 }	
nants . . . . {	Logement	240	4320 }	41220

TOTAL (1). 190161

DÉPENSE PROJETÉE

1 Colonel.	»	10000
2 Lieutenants-colonels.	7000	14000
1 Capitaine iustructeur.	»	5000
1 Trésorier.	»	3600
1 Officier d'habillement	»	3600
1 Médecin.	»	3600
1 Aide médecin	»	3000
1 Vétérinaire.	»	3000
1 Aide vétérinaire.	»	2400
5 Capitaines	5000	25000
5 Lieutenants	3000	15000
20 Sous-lieutenants.	2100	48000

TOTAL. 136200

DÉPENSE ACTUELLE. . . . .   190,161 fr.

DÉPENSE PROJETÉE.   136,200

ÉCONOMIE PAR CHAQUE RÉGIMENT   53,961

SOIT POUR 63 RÉGIMENTS   3,399,543

(1) Dans cette supputation ne sont pas compris tous les suppléments de solde dans Paris, en rassemblement, en route, etc.; dans la dépense projetée, la solde est unique pour tous les temps, pour toutes les circonstances.

Avec cette constitution des cadres d'officiers de régiment, non-seulement on aurait l'avantage d'avoir des titulaires se sentant utiles et nécessairement occupés, mais encore il y aurait, sur le cadre actuel de chacun de nos régiments, une économie de solde de 53,961 francs, ainsi que le démontre le tableau ci-annexé. Comme nous avons en ce moment 63 régiments de cavalerie, cela rendrait disponible une somme de. . . . . 3,399,543 fr.

Les cinq cadres des régiments que nous demandons en plus coûteraient   681,000 fr.

Les 36 escadrons divisionnaires en plus (1). . . . . 1,022,400 fr.

1,703,400 fr.

____

1,696,143 fr.

La cavalerie demandée produit donc, sur la solde des officiers, une différence en moins de 1,696,143 francs.

Il est vrai de remarquer que les services afférents, qui jusqu'alors se sont alimentés dans nos régiments : remontes, recrutement, écoles, auraient à se suffire au moyen d'un chapitre spécial du budget.

Il n'en est pas moins démontré que, pour une somme inférieure à la solde actuelle et en rémunérant chacun plus largement, on peut se procurer les cadres d'officiers nécessaires à une cavalerie réellement suffisante à tous les besoins d'une grande guerre.

(1)   *Escadron divisionnaire.*

1 capitaine.	5,000	francs.
1 lieutenant	3,600	—
4 sous-lieutenants à 2,400 fr. . .	9,600	—
1 comptable.	3,600	—
1 médecin	3,600	—
1 vétérinaire.	3,000	—

28,400 fr. × 36 = 1,022,400 fr.

TROUPE

Adjudants. — Dans un travail déjà ancien (1868), nous avions indiqué la nécessité de créer un emploi, celui de garde de cavalerie, pour récompenser de braves gens qui manqueraient de l'étoffe dont on fait les officiers. Cette création aurait les mêmes raisons d'être aujourd'hui.

Mais l'augmentation du nombre des adjudants dans nos régiments donne, dans une certaine mesure, des résultats semblables.

Les fonctions de service, l'habillement, la manière de vivre de nos adjudants en font presque des officiers, et rien ne saurait mieux que cette augmentation grandir le corps des sous-officiers.

En créant des adjudants à l'état-major pour être payeur, porte-étendard et secrétaire du colonel, cela permet de n'avoir pas pour ces fonctions des officiers dont le rôle essentiel est surtout d'être des combattants.

L'adjudant d'escadron, véritable aide de camp du capitaine, peut être chargé d'une partie du service actuel du maréchal des logis chef, par exemple la surveillance des sous-officiers de l'escadron, le soin de commander le service.

A tour de rôle, chaque adjudant d'escadron ferait le service de nos adjudants actuels.

Il faut demander la suppression de l'adjudant-vaguemestre. Ces fonctions, on le sent aujourd'hui, conviennent peu aux adjudants et ne sont pas si importantes qu'elles ne puissent être confiées à un simple cavalier ayant donné des preuves de probité.

En tout cas, il y a lieu de demander instamment la suppression de l'indemnité pécuniaire allouée à propos de ces fonctions. Il n'est pas rationnel qu'il soit alloué un supplément de solde à des fonctionnaires dont le service est recherché comme moins pénible. C'est déjà une récompense que d'en être titulaire, et cette récompense est suffisante.

Dans la dernière guerre, les bagages n'ont presque jamais été accompagnés par le vaguemestre; on y a mis jusqu'à des capitaines par régiment. Mais il y a lieu d'espérer que ces bagages formeront à l'avenir un convoi tellement amoindri qu'il suffira du cavalier vaguemestre pour les diriger, et, en tout cas, on y pourra placer l'adjudant payeur, qui n'a rien à faire au combat et qui doit toujours, au contraire, accompagner la caisse et la comptabilité.

Maréchal des logis chef. — Ces fonctions ne peuvent être que peu modifiées; en lui retirant la charge de commander les hommes de service et la surveillance disciplinaire des sous-officiers, on permettra au maréchal des logis chef de se consacrer plus exclusivement à l'administration de l'escadron, dont il doit rester responsable envers le capitaine.

Maréchal des logis fourrier. — C'est le second du maréchal des logis chef pour les écritures, et à deux ils peuvent y suffire en toute occasion. Cela permet la suppression du brigadier-fourrier.

La communication des ordres et la tenue de tous les registres incombent au maréchal des logis fourrier.

Maréchal des logis. — C'est le grade qui réclame le plus, de nos jours, d'être élevé à un niveau en rapport avec son importance dans la hiérarchie

Avec de bons sous-officiers on aura toujours de bons soldats; c'est une vérité universellement reconnue.

Pour avoir des sous-officiers dignes de leur position, nous

devons compter un peu sur le degré d'instruction que
nous apporteront en surcroît le service obligatoire et le volon-
tariat.

Pour avoir une position digne des sujets méritants qui doivent un jour, pour la plupart, devenir officiers, nous espé-
rons beaucoup de la création d'un plus grand nombre d'adjudants.

Nous devons aussi compter sur l'abandon que feront les
officiers d'une partie de leur travail du service intérieur, qui
sera donnée en confiance aux sous-officiers, ce qui gran-
dira l'importance de leurs fonctions.

Enfin et surtout il faut espérer qu'on réservera ce titre de
sous-officier, qui doit faire l'orgueil de tous ceux qui l'ob-
tiennent, uniquement aux combattants.

Nous demandons donc qu'on supprime d'une manière
absolue tous les titres de sous-officier à ceux qui ne font
pas partie des escadrons : secrétaires, maîtres ouvriers,
maîtres d'armes, etc. Puisqu'ils sont secrétaires, maîtres ouvriers, maîtres d'armes, qu'on les appelle de ces qualifica-
tions et non de celle de maréchal des logis.

Comme pour les fonctions de vaguemestre, il faut demander la suppression de toute espèce d'indemnité ou de solde
spéciale pour tous les emplois où le service est plus facile,
moins dur et moins dangereux. On trouvera toujours de sim-
ples cavaliers disposés à accepter ces emplois, sans rétribu-
tion spéciale. Quant aux maîtres ouvriers, qui sont de sim-
ples commerçants faisant fortune, on ne comprend plus bien
à quel titre ils peuvent participer aux prestations en nature, à la solde, au grade, et même aux récompenses hono-
rifiques, jusques et y compris la décoration de la Légion
d'honneur !

Brigadier-fourrier. — Supprimé. C'étaient des fonctions

qui permettaient, selon l'expression vulgaire des régiments, de faire sortir plus promptement du service d'écurie les jeunes gens de bonne éducation, auxquels on donnait ainsi, dès six mois de service, l'habillement, la façon de vivre et les prérogatives de sous-officier.

Désormais nous aurons trop de sujets de bonne éducation pour faire, sans injustice, un pareil choix, et ces fonctions sont trop peu importantes pour ne pas les fondre dans celles du fourrier.

C'est encore une économie au budget.

Brigadier. — C'est un grade bien utile, bien compris dans notre hiérarchie, et à maintenir tel qu'il est.

De même que nous demandons pour les maréchaux des logis l'effectif complet de huit par escadron, en tout temps, de même nous demandons seize brigadiers. C'est la constitution rationnelle et indispensable.

Pour les mêmes raisons de dignité de grade qu'à l'égard de celui de sous-officier, on devra supprimer toutes les désignations des brigadiers faites en dehors des escadrons : prévôts, secrétaires, maréchaux, etc.

Cavaliers de première classe. — C'est une récompense à donner aux soldats d'élite, dont nous demandons le maintien dans son état actuel.

Cavaliers de deuxième classe. — Il existe parmi les cavaliers de nombreuses non-valeurs, qu'il importe au plus haut degré de faire disparaître et qui rendent nos effectifs complétement faux.

Pour savoir précisément le nombre d'hommes disponibles, les situations fournies périodiquement devraient indiquer nettement et d'une façon tranchée les *combattants* et les *non-combattants*.

Parmi ces derniers, comprendre les ouvriers, les secrétaires, les ordonnances, les cantiniers.

Il y a une mesure à prendre qui permettrait de faire entrer dans nos habitudes cette séparation des non-valeurs, ce serait de ne pas leur donner l'armement de la cavalerie.

Les ouvriers devant, en toute circonstance de guerre, se trouver avec les bagages, n'ont besoin d'une arme que pour se défendre, le fusil.

Les ordonnances d'officiers, destinés à conduire les chevaux de main, doivent être tenus en arrière, sous peine d'être un embarras au moment d'une action ; c'est donc aussi avec les bagages qu'ils doivent être maintenus. Si l'on monte les ordonnances, ce sera autant de chevaux retirés, sans profit, des escadrons. Les ordonnances, pas plus que les ouvriers ni les secrétaires, ne doivent être montés.

Le casque est généralement inutile à tous ces gens-là, ainsi que le sabre.

Cela obligerait peut-être toutes ces catégories d'hommes, en temps de paix, à sortir en ville en petite tenue ; mais, en mettant de côté l'intérêt de pure parade à cette occasion, quel inconvénient peut-il y avoir à ce qu'une certaine fraction de la troupe sorte en petite tenue et sans armes (1)?

Cela offrirait en tout temps l'avantage d'économie pour l'État, de ne point immobiliser en pure perte un matériel assez considérable d'armes et de chevaux, entre les mains de

---

(1) Nous pensons qu'il n'y a pas lieu de craindre, en préconisant cette mesure, l'idée du rétablissement des soldats combattants et des valets d'armée formant deux castes différentes. Les ouvriers et les ordonnances seraient restés dans la vie civile ouvriers et ordonnances. Il ne serait peut-être pas bien utile à l'État de sacrifier un intérêt réel au soin de la dignité de gens qui ne croient pas abandonner eux-mêmes ce soin en exerçant des fonctions qu'ils ont choisies volontairement.

gens qui ne s'en servent pas et qui sont peu intéressés à sa conservation.

En ce qui concerne les cantiniers, garçons aides de cantine, etc., on doit en réclamer la suppression absolue dans nos régiments.

Les cantines devraient réglementairement être tenues par les cantinières, mais il n'est guère possible de ne pas leur laisser aussi leur mari, et le plus souvent sous prétexte d'être employés aux tables de sous-officiers, on leur laisse encore plusieurs cavaliers comme aides.

Tous ces gens-là perdent l'habitude du service, sont autant de non-valeurs ignorées, et, au moment d'une entrée en campagne, on est obligé de les employer aussi maladroits et guindés que des réservistes.

Il y aurait, croit-on, avantage à confier à des entreprises civiles, à l'adjudication, le soin de nourrir les sous-officiers, tous réunis dans un régiment. On trouverait des entrepreneurs qui rechercheraient avec empressement cette occasion de bénéfices non douteux, avec le droit de tenir des boissons pour la troupe.

On devrait aussi refuser dans la cavalerie l'autorisation, à nos hommes, de travailler en ville ; les détails du service sont trop nombreux et trop assujettissants pour qu'on puisse, sans préjudice, en distraire habituellement une partie de l'effectif.

Trompettes. — Nos trompettes doivent être absolument et uniquement des combattants ; en campagne ils ne peuvent être autre chose, et si l'on espère en faire des musiciens, ce sera détourner des chevaux de nos escadrons, sans utilité. En effet, les instruments, si dificiles à transporter, sont presque dès le commencement de la guerre hors d'état de servir, et alors on n'a plus qu'une partie de ce qu'il faut au chef de musique pour former son orchestre.

Cela devient une musique ridicule ; cela fait des hommes et des chevaux sans emploi.

Enfants de troupe. — A tous les points de vue, ces enfants devraient être éloignés à tout jamais de nos escadrons. Au point de vue de la morale, de leur éducation, de leur instruction, de leur santé, au point de vue de l'embarras qu'ils nous causent et du prix qu'ils coûtent à l'État.

Si l'État veut venir en aide aux enfants malheureux, le meilleur moyen serait d'augmenter le nombre des bourses qu'il donne dans les colléges ou écoles, et ce soin regarde bien mieux les municipalités.

V. — AVANCEMENT

Non-seulement on devrait repousser à tout jamais le mode
d'avancement sur toute l'arme pour les grades d'officiers su-
balternes, mais encore on devrait nommer dans le corps
même les sous-officiers promus sous-lieutenants.

On a cru établir des relations de meilleure camaraderie
en faisant ainsi parcourir à chacun différents régiments où
il retrouverait des officiers déjà connus ailleurs.

On a cru établir l'*esprit d'arme*, qui devait remplacer l'*esprit de corps*.

On s'est engagé, croyons-nous, dans une fausse voie qui a
porté, qui porte encore chaque jour et de plus en plus l'at-
teinte la plus funeste à la véritable force qu'amenait l'esprit
de corps.

On a amoindri la cohésion en diluant les moyens d'attache
du faisceau.

C'est en se croyant les meilleurs que les officiers d'une
part, les soldats de l'autre, du même régiment, formaient
du tout une unité dont la solidité était incontestable ; chacun
cherchait à conserver et grandir la bonne réputation du régiment, chaque individu jouissant d'une part des avantages
de cette bonne renommée.

Aujourd'hui on ne s'attache plus à aucune de ces idées ;
on ne croit plus au chauvinisme que pour en rire et s'en défendre ; on se désintéresse vite de la gloire du numéro ; on
ne compare plus que pour critiquer, dénigrer même la fraction dont on fait partie actuellement.

De nos jours on parle beaucoup de l'*esprit* militaire; des voix autorisées ont dit que c'est long à acquérir; cela doit être vrai, mais que faut-il entendre par cette appellation, esprit militaire?

Dans l'état actuel de nos mœurs, pour qu'un soldat ait l'esprit militaire, ne lui faut-il pas :

1° Qu'il soit discipliné, c'est-à-dire qu'il ait le sentiment profond de la puissance du chef; si profond que l'obéissance en découle en toute circonstance sans hésitation, sans raisonnement, comme d'instinct?

2° Qu'il ait le sentiment de la solidarité; c'est ce qu'on appelle l'amour du drapeau, le respect du bouton, l'esprit de corps enfin?

3° Qu'il ait en affection tout ce qui lui sert à faire la guerre : son cheval, ses armes, son équipement, l'exercice, les manœuvres?

C'est pour une de ces choses, qui servent à former la véritable force des armées, que nous écrivons; c'est pour ramener et conserver l'esprit de corps dans nos régiments, mais d'abord et surtout dans nos corps d'officiers.

Nous voudrions voir abandonner l'avancement sur toute l'arme, et cesser les trop nombreuses pérégrinations sans profit qu'on nous fait faire.

Il faut concentrer la vie de chaque régiment dans lui-même, c'est-à-dire y laisser, à tout prix, les officiers jusqu'au grade de capitaine inclusivement, de manière qu'ils n'en puissent sortir ni par avancement, ni par permutation, ni par aucun de ces changements de corps que rien ne justifie.

Laisser aussi dans les régiments les sous-officiers nommés sous-lieutenants. Ce serait rendu plus facile si l'on voulait ne nommer officiers que des adjudants; leur position est déjà en dehors de la troupe, on les considère presque comme des officiers.

La crainte de voir ces jeunes promus ne pas jouir d'une autorité et d'une considération suffisantes auprès de leurs anciens subordonnés, de leurs anciens collègues même, cette crainte est puérile ; les sujets nommés à l'épaulette sont entourés déjà de la considération de tous et de l'autorité morale propre au commandement, même avant le brevet qui les fait officiers.

Ou alors il ne faut pas les nommer.

C'est par eux que se perpétuent les bonnes habitudes et que s'épurent les autres ; ce sont eux qui savent les récits, la tradition du régiment.

C'est par eux que le corps d'officiers se trouve initié aux choses de la troupe qui se passent dans les chambrées, en dehors de la surveillance officielle ; les officiers se trouvent ainsi en relation, en communauté d'idées avec les soldats, et acquièrent sur eux une influence certaine.

Nos corps d'officiers se trouvent aujourd'hui trop profondément démocratisés, nos soldats se trouvent trop intelligents, trop instruits, trop grandis, surtout alors que nous avons le service obligatoire, pour qu'on puisse songer à faire de ces deux catégories de militaires deux *castes*.

Les officiers ne peuvent plus être que des militaires d'élite dont la force réside non-seulement, comme jadis, dans l'éclat du nom et de la fortune, mais dans le mérite, c'est-à-dire le savoir, l'intelligence, la dignité de conduite, l'équité, la valeur guerrière ; tout cela soutenu et imposé par les règles inflexibles d'une discipline de fer.

FIN

TABLE